金银曜烁 美熠四方

京冀晋豫陕五省市金银器展

Magnificence of Gold and Silver Wares
From Beijing, Hebei, Shanxi, Henan and Shaanxi

河北博物院 编

北京时代华文书局

金银曜烁 美熠四方
——京冀晋豫陕五省市金银器展

◎ **主办单位：** 河北省文物局　北京市文物局　山西省文物局　河南省文物局　陕西省文物局

◎ **承办单位：** 河北博物院

◎ **展览策划：** 张立方　舒小峰　刘润民　田　凯　罗文利　罗向军

◎ **展览统筹：** 韩立森　王翠杰　白　杰　宁立新　郑小玲　贾　强

◎ **展览协调：** 李宝才　李学军　郭鹏云　康国义　蔡理华　姚　飞
李　阳　徐　彦　李　娟　王亚平　魏筠涛　景　旭
王　静　陈　岑　李　康

◎ **项目负责：** 徐艳红　武　贞

◎ **内容设计：** 陈　宁　蒋飞飞　林章芹

◎ **形式设计：** 曹　雪　赵雅聪

◎ **参展人员：** 张永强　刘冬梅　边质洁　田　苗　徐云彦　程晓月　贾叶青　王晓阳
崔大伟　贾希希　刘新萌　李　昂

◎ **翻　　译：** 陈　宁

◎ **参展单位**

河　　北：河北博物院　河北省文物考古研究院　张家口市博物馆　唐山博物馆
廊坊博物馆　邯郸市博物馆　邯郸市文物考古研究所　定州博物馆
迁安市文化广电和旅游局　正定县文物保管所　鹿泉区文物保护管理所
滦平县博物馆　平泉市博物馆　承德县博物馆　蔚县博物馆
滦南县文物管理所　滦州市文物保护管理所　易县文物保管所　磁州窑博物馆

北　　京：首都博物馆　北京市文物研究所

山　　西：山西博物院　大同市博物馆

河　　南：河南博物院　洛阳博物馆

陕　　西：陕西历史博物馆　西安博物院　法门寺博物馆　咸阳博物院
咸阳市文物保护中心　渭南市博物馆

编委会

前　言

　　黄金和白银是自然界中最古老的金属元素之一，稀少且珍贵，因其硬度适中，延展性优良，易锤打成型，且色彩亮丽，从古至今深受人们喜爱。中国人历来将金银视为财富和地位的象征，用金银做出的艺术珍品，富贵高雅，美轮美奂，蕴含着传统文化的人文精神，寄托着人们对心物一体、天人合一的美好愿望，其价值绝非其自身材质所能衡量。

　　京冀晋豫陕五省市，覆盖范围自北方草原、中原交界至中原腹地，是中国古代多种文明汇合、交融的前沿。受河北省文物局委派，河北博物院举办的"金银曜烁　美熠四方"展览联合五省市31家文博单位，汇集了600余件金银展品，从不同侧面反映出草原文化与中原文化、西方文化与东方文化交流互鉴的发展历程，同时也展示了五省市各文博单位之间交流互动的丰硕成果。

　　讲好中国故事，传递中国声音，文博同人将继续秉持包容精神，互学互鉴，交流合作，携手并进，一同肩负起有力的文化担当！

PREFACE

Gold and silver are the oldest metallic elements in nature. They are rare and precious are loved since time immemorial because of their moderate hardness, good malleability, easy to hammer and shape, and bright colors and luster. Chinese people have always regarded gold and silver as a symbol of wealth and status. The artistic treasures created by gold and silver are elegant and beautiful. They contain the humanistic spirit of traditional culture and place people's good wishes for the Integration of Nature and Human. Their self-value can not be measured by their own material.

Beijing, Hebei, Shanxi, Henan and Shaanxi provinces and cities, covering areas from the northern Steppe to the hinterland of Central Plain, are the forefront of confluence of various civilizations in ancient China. Commissioned by the Hebei Provincial Administration of Cultural Heritage, the exhibition hole by Hebei Museum collected more than 600 pieces of gold and silver exhibits from 31 cultural and museum institutions of five provinces and cities. From different aspects, it reflects the development process of the exchange and mutual learning between grassland culture and Central Plains culture, western culture and oriental culture, and also shows the fruitful results of communication and interaction between cultural and museum units in five provinces and cities. We will continue to insist inclusiveness, learn from each other, exchange and cooperation, work hand in hand to shoulder a strong cultural responsibility!

目 录

CONTENTS

PART ONE
THE EARLIST GOLD AND SILVER WARES OF CHINA

中国最早的金银器出现于新石器时代。商代金银器逐渐增多，主要作为铜器、漆木器等物品的附属装饰物，以金箔饰片为主。北方地区出现了耳饰、臂钏等人体装饰类金器，当为方国遗物。西周时期，金腰带饰最具特色，采用铸造工艺成型；用于装饰的金箔、金片等趋向大型化，纹饰也更为多样。

The earliest gold and silver wares appeared in China during the Neolithic Period. In the Shang Dynasty, gold and silver wares gradually increased in number, mainly as accessory decoration for bronze, lacquer and wooden wares, with gold foil as the main decoration. In the northern region, there were earrings, arm bracelets and other body ornaments of gold. During the Western Zhou Dynasty, gold belt ornaments were the most distinctive, and were formed by casting technology; the gold foil and gold flakes used for decoration tended to be larger, and the design was also more diverse.

第一部分 初见

金臂钏
Gold Armlet

夏家店下层文化（约公元前 2300—前 1600 年）
直径 7.3 厘米

河北省香河县庆功台墓葬出土
廊坊博物馆藏

由金丝弯作圆环，开口处两端锤扁，整体光素。古代称
臂环为钏，早期是男女均可佩戴的饰品。此金臂钏是中
国北方青铜时代夏家店下层文化的典型器物。

金臂钏

Gold Armlets

商（约公元前 1600—前 1046 年）
直径 3.2 厘米
1972 年河北省卢龙县东阚各庄 1 号墓出土
河北省文物考古研究院藏

两件形制相同，均用粗金丝弯作圆环形，有开口，开口两端呈扁平状，推定年代为商代晚期。其出土地理位置在商至周初属孤竹国范围，为研究孤竹国与夏家店下层文化的关系提供了线索。

金臂钏

Gold Armlets

商（约公元前 1600—前 1046 年）
环径 12.5 厘米
1977 年北京市平谷区刘家河商墓出土
首都博物馆藏

两件金臂钏为打制而成，制作精良，两端做成扇面形，相对成环。
刘家河商墓出土的金器，地方色彩十分鲜明，极有可能是商朝周边
少数民族制造的饰品，是研究中国早期黄金制品与装饰观念的珍贵
实物。

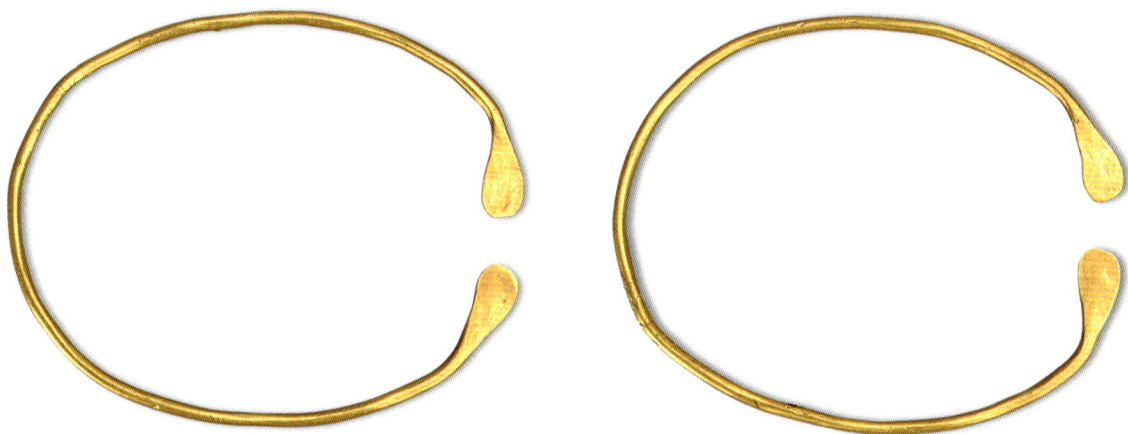

金臂钏

Gold Armlets

商（约公元前 1600—前 1046 年）
长径 9 厘米，短径 7 厘米
河北省迁安市爪村小山东庄古墓出土
迁安博物馆藏

两件形制相同，金丝弯作椭圆形环，有开口，开口两端呈扁
平状。

金耳饰

Gold Earring Ornaments

商（约公元前 1600—前 1046 年）
其一长 20 厘米，宽 6.5 厘米，厚 0.1 厘米
其一长 20.8 厘米，宽 6.5 厘米，厚 0.1 厘米
陕西省渭南市华州区大明乡大明村出土
渭南市华州区文物保护研究所藏

两件金耳饰通体素面，上部细长如纤，下部如翻卷的树叶，舒展自如，极具美观性。黄河两岸和泾河上游都有类似的金耳饰出土。

金耳饰

Gold Earring Ornaments

商（约公元前 1600—前 1046 年）

宽 2.7—3.9 厘米

1959 年山西省石楼县桃花者村出土

山西博物院藏

四件耳饰呈玦形，一端做螺旋形，另一端
为细长的金丝，细丝处穿有绿松石珠。

弯月金项饰

Gold Necklace

商（约公元前 1600—前 1046 年）

长 29 厘米，宽 11 厘米，厚 0.1 厘米

陕西省渭南市华州区大明乡大明村出土

渭南市华州区文物保护研究所藏

锤揲成型，尾部向内卷曲，边缘带有点纹，是商末周初贵族饰品，多佩戴于胸、颈处，其形制受欧亚草原游牧至阿尔泰地区文化的影响，大约在商周时期流行于中国北部及欧亚大陆草原地带。

金腰带饰
Gold Belt Ornaments

西周（公元前 1046—前 771 年）
三角形底边长 4.7 厘米，高 8.3 厘米；兽形带扣长 2 厘米，宽 2 厘米；方环长 2 厘米，宽 0.75 厘米；圆环直径 3.7—4.2 厘米
1990 年河南省三门峡市虢国墓地出土
河南博物院藏

带饰由十二个部件组成。其中三角龙形带饰一件，底部呈等腰三角形，正面隆起，背面内凹，器表面做两组单首双身龙形；兽首形带扣三件，正面略隆起，饰一兽首，兽面鼻部皆做牛鼻形，背面相应内凹，中部有一横梁；圆形环七件，为扁平体，正面均有两周弦纹，背面或凹或平；方形环一件，扁平形，背面平，正面有两周凸弦纹。西周后期，金腰带饰盛行，其出土地点集中在黄河中游一带，既受到北方游牧民族黄金饰身习俗的启发，又融合了中原饰身传统。金腰带饰的组件是西周黄金制品中的珍品，其纹饰精美，可见当时熔金铸器技术业已成熟。

PART TWO
THE COLLISION BETWEEN THE NOMADIC CULTURE AND THE CENTRAL PLAINS CULTURE

自春秋战国时起，欧亚大草原上的游牧民族就逐渐成为沟通东西物质、文化的桥梁。居于中国北方文化带的戎、狄、胡、鲜卑等民族，向北连接欧亚草原，向南沟通中原。他们以金银作为身份地位的象征，崇尚以金银为饰，在纹饰、造型、工艺等方面，对中原地区金银器的发展产生了重要影响。面对外来文化，中原文化张开了怀抱，接纳、互通、融汇，展示了其海纳百川、绵延不绝的独特韧性。

Since the Spring and Autumn and Warring States Periods, the nomads of the Eurasian Steppe have gradually become a bridge between East and West in terms of material and culture. Rong, Di, Hu, Xianbei and other ethnic groups living in China's northern cultural belt connected the Eurasian Steppe to the north and the Central Plains to the south. They used gold and silver as a symbol of status, and were fond of using gold and silver as decoration, which had an important influence on the development of gold and silver in the Central Plains, in terms of decoration, modeling and craftsmanship. In the face of foreign cultures, the Central Plains culture unfolded its embrace, acceptance, intercommunication and integration.

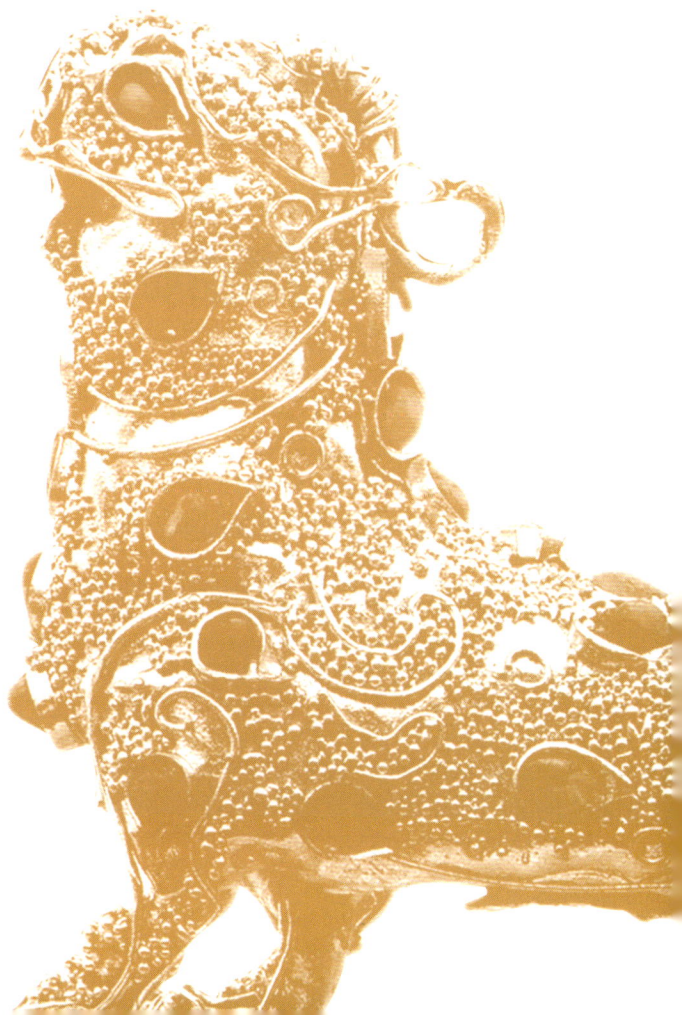

第二部分 容融

第一单元　戎狄瑰宝

中国北方文化带又称"长城地带"，它连接欧亚大草原、又与中原地区关系密切。春秋战国时，活跃于这一区域的戎、狄、胡等民族尤喜金银，以金银饰身，装饰武器、车马等。中原传统"以玉为饰"，伴随着文化的碰撞与融合，"以金银为饰品"的观念也逐步渗入中原。

UNIT ONE

TREASURES OF RONG AND DI ETHNIC GROUPS

China's Northern Cultural Belt, also known as the "Great Wall Belt", connects the Eurasian Steppe and has close relations to the Central Plains. During the Spring and Autumn and Warring States Periods, the Rong, Di and Hu ethnic groups which being active in this region were particularly fond of gold and silver, which were used to adorn their bodies, weapons, vehicles and horses. Along with the collision and integration of cultures, the concept of "using gold and silver as ornaments" has also gradually penetrated into the Central Plains.

山戎金器

史料记载，山戎活动在燕北，即今冀北山地、燕山山脉一带。春秋战国，山戎一度十分强盛，多次入侵燕国，其后逐渐衰落。山戎与燕国在长期对抗、交流中相互取长补短，促进了彼此间文化融合。北京延庆区玉皇庙、河北怀来县甘子堡等山戎墓地出土了金耳饰、金项饰、虎形金牌饰等金器，由此可窥见山戎昔日的风采。

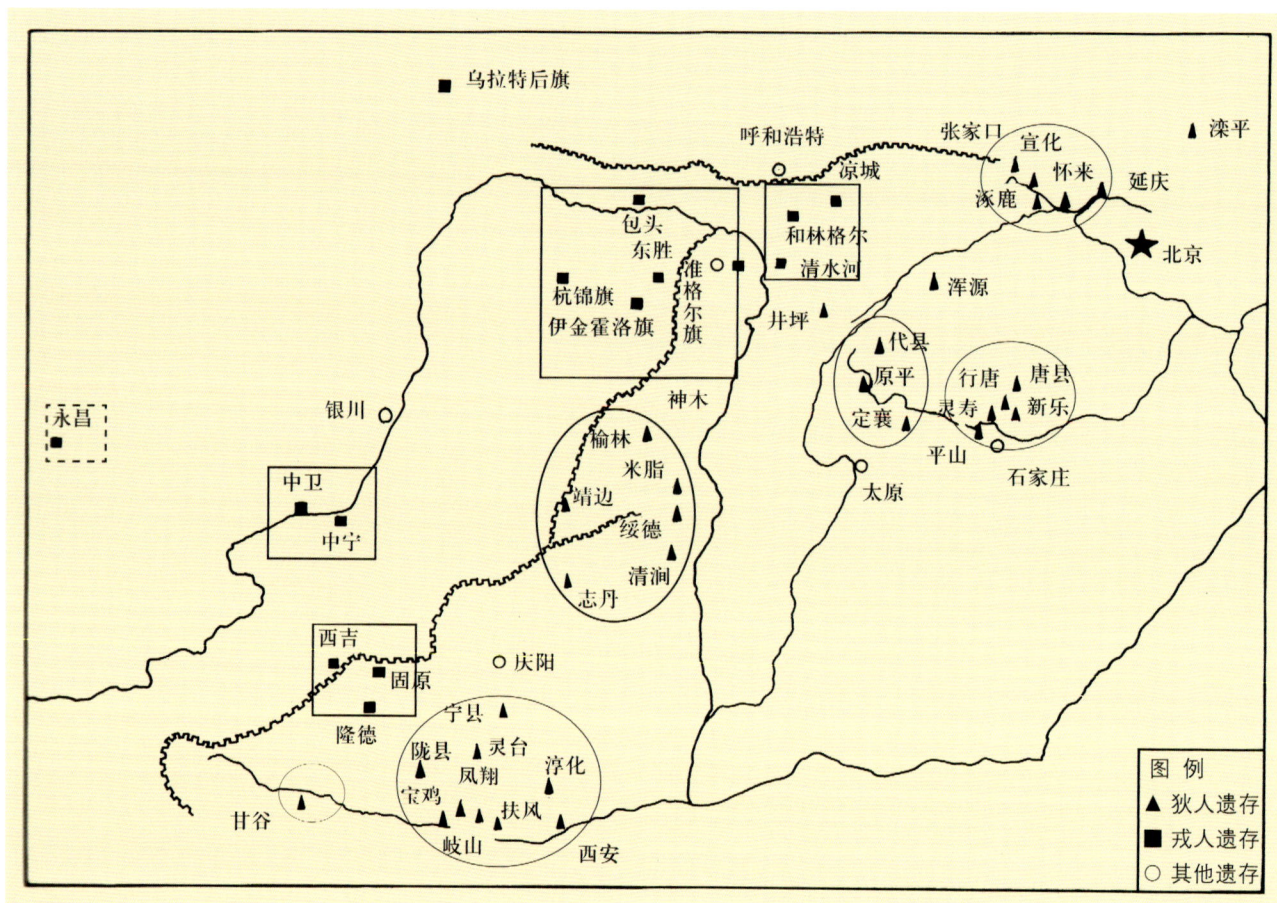

采自《欧亚草原东部的金属之路——丝绸之路与匈奴联盟的孕育过程》
杨建华　邵会秋　潘玲　著

金丝耳环
Gold Earrings

春秋（公元前 770—前 476 年）
直径 2.4 厘米

北京市延庆区军都山玉皇庙 250 号墓出土
首都博物馆藏

两件耳环由金丝盘绕成弹簧式样，两端锤出钝尖，以便佩戴。

金耳环
Gold Earrings

春秋（公元前 770—前 476 年）
直径 1.8 厘米

北京市延庆区军都山玉皇庙 156 号墓出土
首都博物馆藏

两件耳环由金丝盘绕成弹簧式样，一端锤出钝尖，以便佩戴，一端锤扁，呈扇形。延庆军都山春秋战国墓的族属为山戎，是春秋战国时期燕国北方的少数部族，所出金器均为配饰，不见器皿，这是区别于中原文化的一个文化特点。

虎形金牌饰

Gold Plaque Ornament in Tiger-shaped

春秋（公元前 770—前 476 年）
长 4.8 厘米，宽 2.2 厘米，重 13.5 克
北京市延庆区军都山山戎部落遗址出土
北京市文物研究所藏

牌饰模铸成虎形。虎头低垂，引颈探首，前后肢屈曲向前，呈行走状，体态强劲有力。眼、前后爪和尾端各有一个圆形嵌窝，背面有两个纵向穿鼻，用以缀系，应为贵族装饰于衣服或腰带上的牌饰。属于典型的北方鄂尔多斯式动物牌饰。

马形金牌饰

Gold Plaque Ornament in Horse-shaped

春秋（公元前 770—前 476 年）
长 3.3 厘米，宽 2.2 厘米，重 8.7 克

北京市延庆区龙庆峡别墅工地 32 号墓出土
北京市文物研究所藏

牌饰模铸成马形。马头部和颈部模印出耳、眼、嘴和鬃毛的轮廓，
前后肢屈曲向前，尾上卷，呈卧状。耳梢、尾根、后肢曲折处及
前蹄各有一个细小穿孔，用以缀系，为北方鄂尔多斯式动物牌饰。

金贝币

Gold Cowries

春秋（公元前 770—前 476 年）
长约 1 厘米，宽 0.7 厘米

北京市延庆区龙庆峡别墅工地 30 号墓出土
首都博物馆藏

金贝币均以模具压制成贝壳状，正面刻出锯
齿纹，两端各有一小孔。金贝是财富的象征，
反映出墓主高贵的身份。这些金贝在当时是
否可充当货币尚不可知，但其身有穿孔，可
能为佩戴饰物。

金项饰

Gold Necklaces

春秋（公元前 770—前 476 年）

其一长 17.8 厘米，宽 2.2 厘米，厚 0.1 厘米，孔径 0.3 厘米

其一长 17.8 厘米，宽 2.6 厘米，厚 0.1 厘米，孔径 0.3 厘米

河北省怀来县甘子堡村出土

张家口市博物馆藏

两件项饰形制相似。呈半圆弧状，中部宽、两端窄，端部各有一小圆孔，
用于缀系。

金丝圈

Gold Earrings

春秋（公元前 770—前 476 年）
圈径 2—2.4 厘米，丝径 0.1 厘米

河北省怀来县甘子堡村出土
张家口市博物馆藏

金丝弯作三至四层圆环，成弹簧状。两
端口较细。

嵌松石虎形金饰

Gold Plaque Ornament in Tiger-shaped

春秋（公元前 770—前 476 年）
长 4.8 厘米，宽 1.95 厘米，厚 0.1 厘米，孔径 0.15—0.3 厘米

河北省怀来县甘子堡村出土
张家口市博物馆藏

模铸成虎形。虎头低垂，引颈探首，前后肢屈曲前伸，尾下垂，隆起明显，背凹，呈蹲踞状。
虎爪和尾端呈圆环状，虎身有嵌孔。整个虎形背部前后各有一小横鼻。

弧形穿孔金项饰
Gold Arcuate Necklace

春秋（公元前 770—前 476 年）
直径 21 厘米，宽 4 厘米
河北省滦平县虎什哈镇梨树沟门墓群出土
滦平县博物馆藏

项饰呈弓形，中间较宽，两头略窄，两端各
有一小孔。

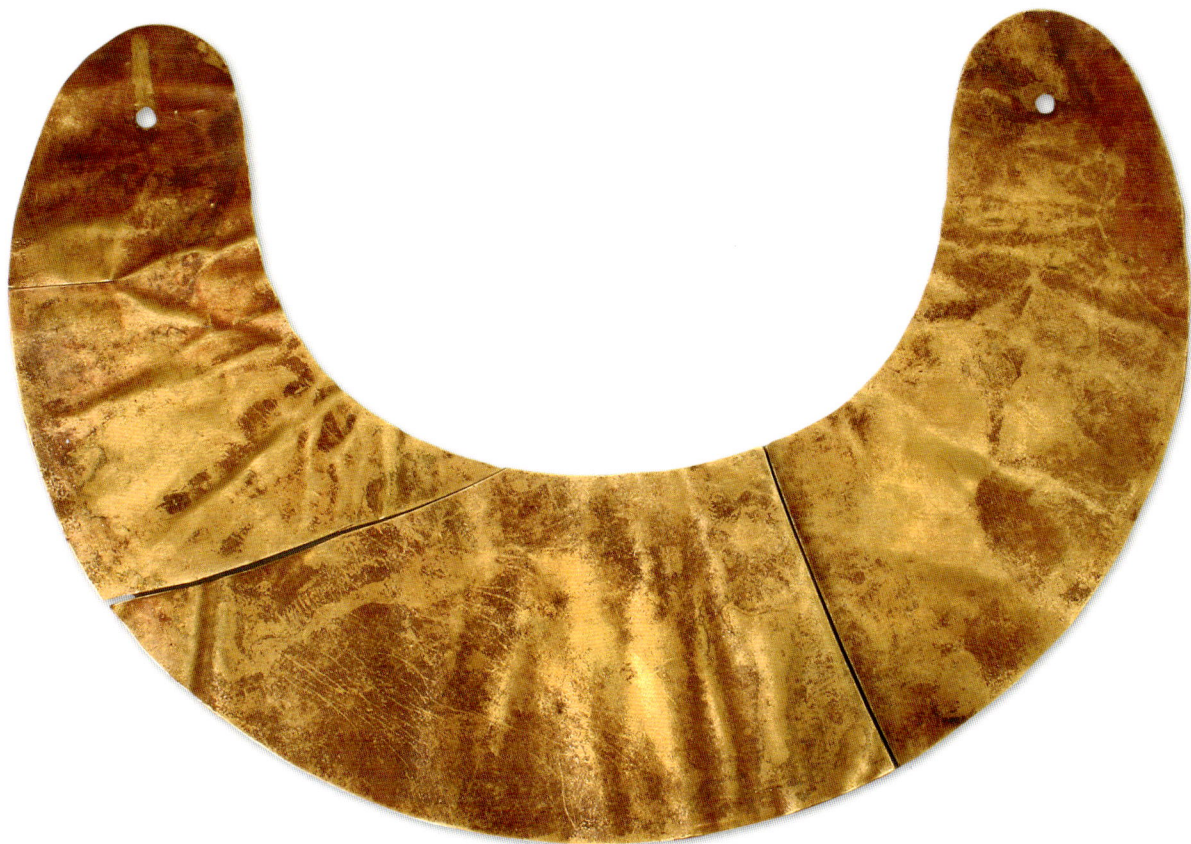

弧形金项饰

Gold Arcuate Necklace

战国（公元前 475—前 221 年）

纵 24 厘米，横 7.2 厘米

1966 年河北省阳原县高墙乡出土

河北省文物考古研究院藏

项饰做弧形，两端各有一圆孔，用来穿系佩戴。

中山国金银器

　　中山国为白狄族鲜虞部所建，最初分布于今陕西和山西北部，后迁徙至中原地区，接受了中原文化，但仍保留了自身的民族特色。中山国手工业发达，加之戎狄等北方民族有喜爱金银的传统，因此中山国金银器尤为繁盛。这些金银器除了金丝圈耳环、动物纹金饰片等延续了北方地带的风格外，车马器、铺首等可见中原文化的影响。

金银曜烁　美熠四方

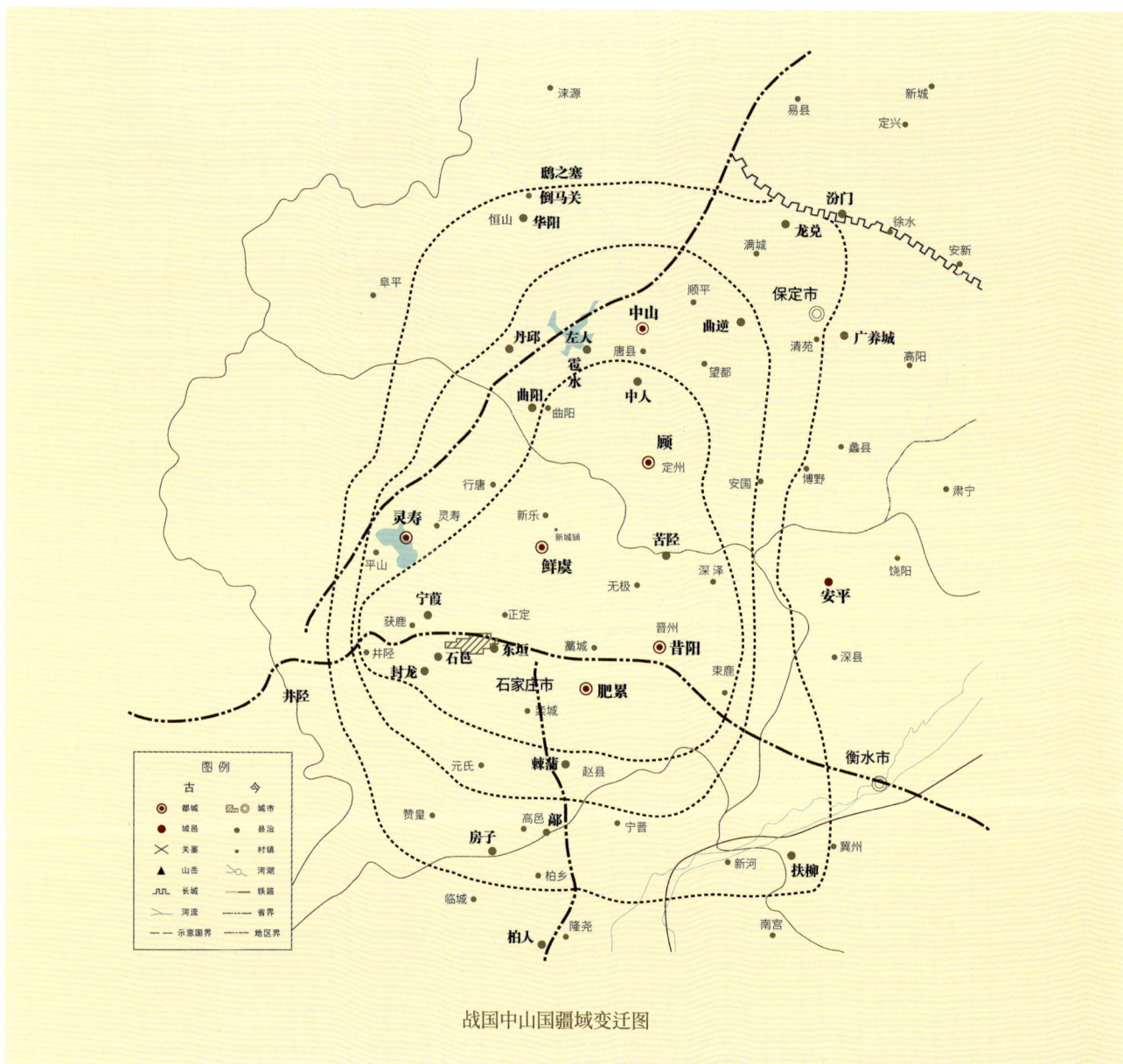

战国中山国疆域变迁图

金丝圈

Gold Earrings

春秋（公元前 770—前 476 年）
圈径 3.5 厘米，丝径 0.1 厘米

河北省唐县温家庄乡钓鱼台村出土
河北省文物考古研究院藏

金丝圈

Gold Earring

春秋（公元前 770—前 476 年）
圈径 3.9—4.3 厘米

河北省怀来县北辛堡出土
河北省文物考古研究院藏

金丝圈

Gold Earrings

战国（公元前 475—前 221 年）
长 36.5 厘米

河北省新乐市中同村战国初期墓出土
河北省文物考古研究院藏

金丝圈

Gold Earring

战国（公元前 475—前 221 年）
圈径 3.9—4.3 厘米

1966 年河北省阳原县高墙乡出土
河北省文物考古研究院藏

虎形金饰片
Gold Plaque Ornament in Tiger-shaped

战国（公元前 475—前 221 年）
长 9.6 厘米，宽 4.4 厘米
河北省保定市满城区搜集
河北省文物考古研究院藏

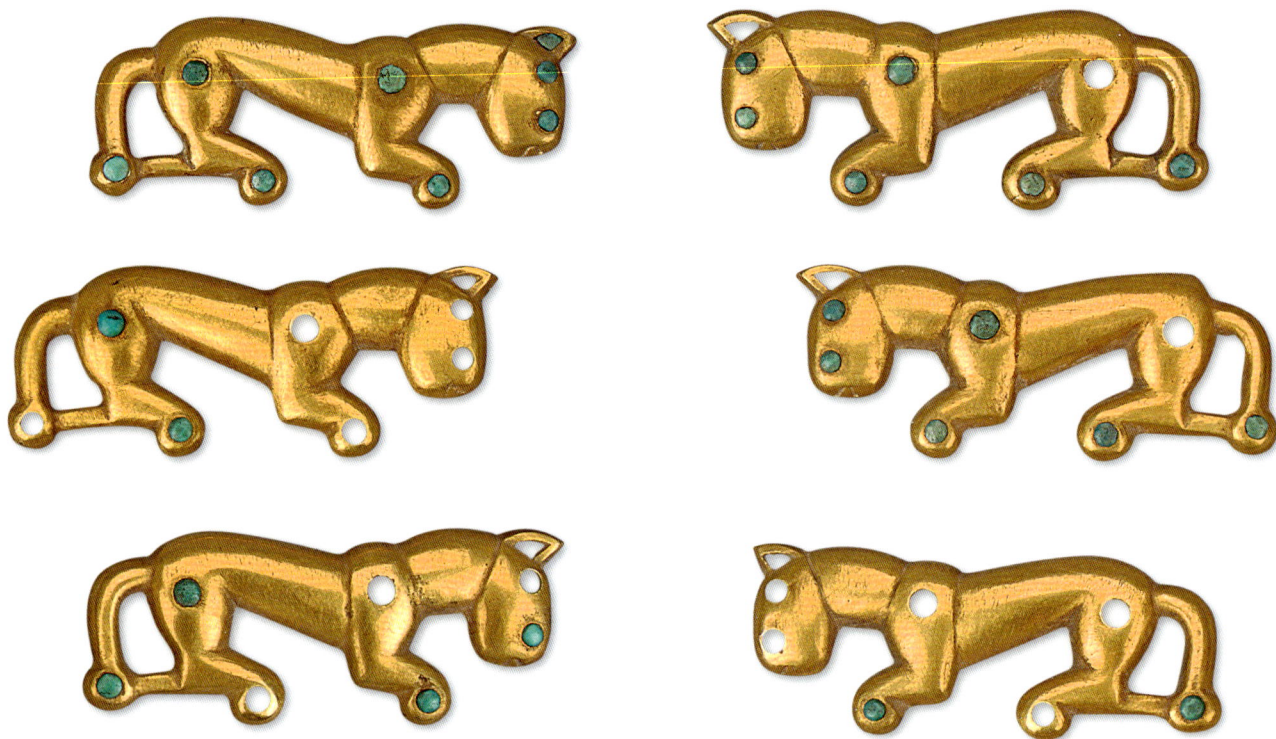

虎形金饰片

Gold Plaque Ornaments in Tiger-shaped

战国（公元前 475—前 221 年）
长 4.7 厘米，高 1.8 厘米，重 6.5—7 克
河北省唐县温家庄乡钓鱼台村出土
河北省文物考古研究院藏

虎低头垂尾，前后肢屈曲向前，做行走状。虎身上嵌有松石，色彩明丽。具有浓郁的北方游牧民族特色，当为镶嵌在衣物上的饰件。

金贝
Gold Cowry

战国（公元前 475—前 221 年）
长 1 厘米，宽 0.7 厘米，厚 0.3 厘米
河北省灵寿县西岔头村战国墓 1 号墓出土
河北省文物考古研究院藏

与首都博物馆藏北京市延庆区出土的金贝币
极为相似。贝币上仅有一孔，可能是做穿缀
之用。

银贝
Silver Cowries

战国（公元前 475—前 221 年）
长 3 厘米，宽 2 厘米，重 11 克
河北省平山县战国中山国遗址出土
河北省文物考古研究院藏

两件银贝模铸而成，形仿天然海贝，
正面略圆鼓，中部纵开一口，背面平整。

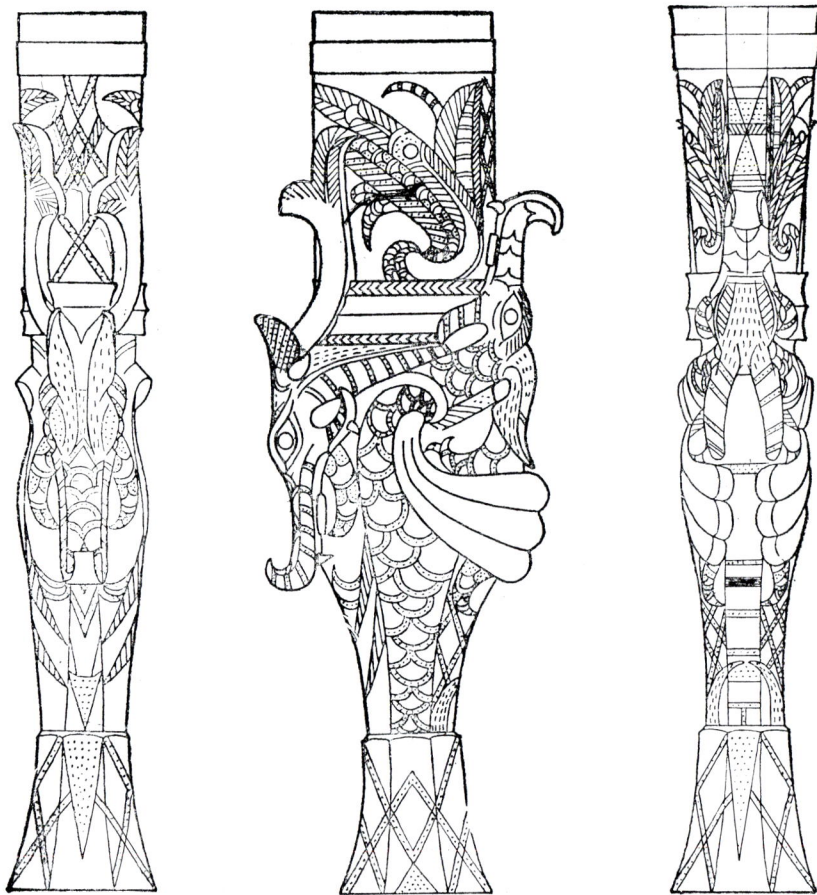

金戈镦线图

金戈镦

Gold Zun-ferrules on the Bronze Dagger

战国（公元前 475—前 221 年）

通长 21.2 厘米，长径 4.4 厘米，重 902 克

河北省平山县中山王墓出土

河北省文物考古研究院藏

镦部上端为筒状圆銎，用以插柲；下端为八棱形，便于手握。近口处和中腰处镶有银箍。镦上装饰两条方向相反的龙，龙眼用银和蓝琉璃镶嵌。一条龙向下爬，用白银镶成一对树枝状龙角，身上刻画羽翼纹，面和腹部为鳞纹，耳部为毛纹，背部为斜方格纹；另一条龙向上攀，以银镶嵌双翼，刻画出双角和附有毛纹的额、耳部，龙身刺鳞纹。两龙外表均有无数针刺花纹，工艺十分精巧。

第
二
部
分
　
容
融

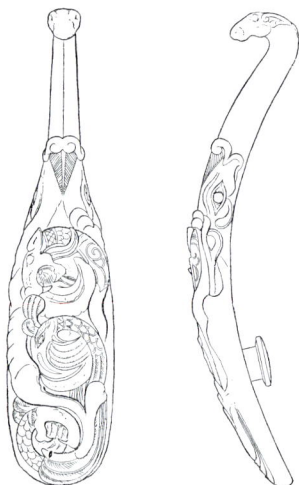

镶金凤银带钩线图

镶金凤银带钩

Silver Belt Hook Inlaid with Gold Phoenix

战国（公元前 475—前 221 年）
长 18.6 厘米，宽 4.2 厘米，重 284.8 克
河北省平山县中山王䓫墓出土
河北省文物考古研究院藏

带钩主体银制，凤纹金错，针刻细纹。呈琵琶形，钩首为螭头，器身为一蟠龙，龙头位于钩颈部，龙眼有圆孔，原应镶嵌有眼睛。正面以金凤和一兽相互蟠结，花纹精细，背面有一圆纽。

龙首形金衡帽

Gold Dragon-head-shaped Fittings on the Crossbar of the Chariot

战国（公元前 475—前 221 年）

长 9.8 厘米，径 3 厘米

河北省平山县中山王䰟墓出土

河北省文物考古研究院藏

衡帽整体为龙首形。龙首中空，向前直伸。龙的额部中间有叶状凸起，两角高凸呈"八"字形，双耳呈桃形，两侧眉梢外装饰卷云纹，双眼突出，鼻上有三条裼纹，鼻前端两侧饰卷云纹。龙的长嘴微启，露出交错的牙齿。圆形銎口，边缘突起一周。上部有销钉孔。

金轭首

Gold Finial on the Bottom of the Crooked of the Chariot

战国（公元前 475—前 221 年）

高 4.5 厘米

河北省平山县中山王譽墓出土

河北省文物考古研究院藏

呈直筒状，一端略细，与銮端的直径相差 0.5 厘米，銮口边有方棱，壁侧有两销钉孔。

金轭角

Gold Finial on the Bottom of the Crooked of the Chariot

战国（公元前 475—前 221 年）

长 8.1 厘米

河北省平山县中山王䜈墓出土

河北省文物考古研究院藏

弯曲呈钩状，两侧有立边。正面平整，呈长圆形；另一面呈圆弧状，顶端凸出三齿，中间一齿上部有一个销钉孔，上下两处各有一道凸棱饰。

银盖顶饰

Silver Canopy Cover with Gilt-bronze Oblate Ornament

战国（公元前 475—前 221 年）
银盘径 15.1 厘米，泡饰径 7.3 厘米
河北省平山县中山王𰯼墓出土
河北省文物考古研究院藏

由银盘和包金铜泡饰两部分组成。银盘正面光洁，中间有一圆形凹槽，恰好将泡饰嵌入。背面粗糙，周边下折的短立沿内侧有四个等距系鼻，可穿带固定在车盖顶部；中间有一圆形槽，槽中部有一横梁，梁上可系带用于固定。泡饰为圆凸面，下面中间有一系鼻用于系带，连接银盘。

银衡轵

Silver Half-hoop Fittings on the Crossbar of the Chariot

战国（公元前 475—前 221 年）
高 6.3—7 厘米，宽 7.6—8.8 厘米
河北省平山县中山王䰾墓出土
河北省文物考古研究院藏

轵是车衡上用来穿铃的环。银轵为拱形，断面呈椭圆形，脊背镶一道凸起的金棱。

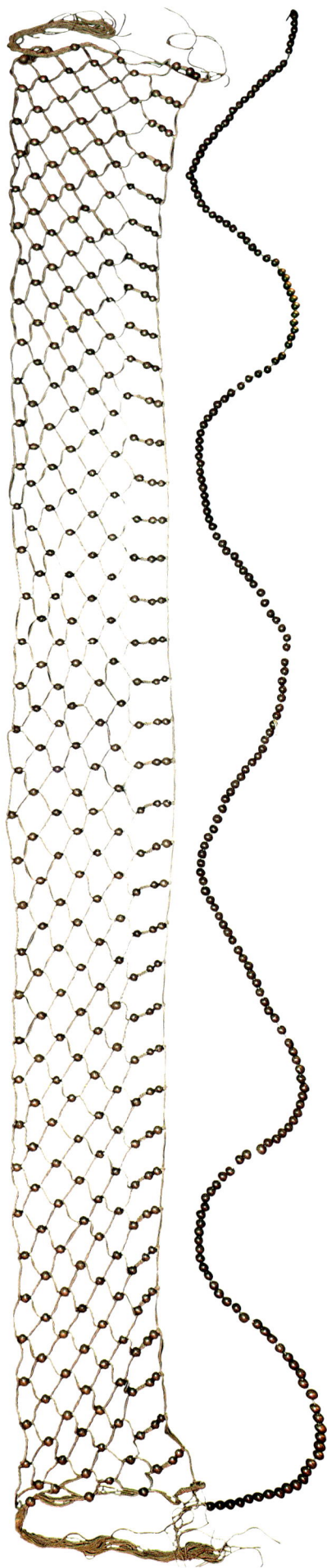

银珠串饰

Silver Beads Network

战国（公元前 475—前 221 年）
银珠直径 0.9—1.1 厘米

河北省平山县中山王𰯼墓出土
河北省文物考古研究院藏

珠为模铸，圆形，大小不一，中贯一孔，
有的尚存泥芯。此串饰饰于车前栏。

金银狗项圈出土现场

金银狗项圈
Gold and Silver Collar of the Dog

战国（公元前 475—前 221 年）
长 38.26 厘米

河北省平山县中山王䥽墓出土
河北省文物考古研究院藏

出土于两具狗骨架的颈部。将长方形金片、
银片分别卷成扁管状，外面正中为一条凹
沟，内面中间有合缝，四角做细孔用以连
缀，穿于革带上。项圈外面中间部位缀有
一个铜环，用来结带。

夔龙纹镶金银泡饰铭文

夔龙纹镶金银泡饰

Silver Oblate Ornament Decorated with Gold Foil

战国（公元前 475—前 221 年）

直径 5.3 厘米，重 86 克

河北省平山县中山王𰯼墓出土

河北省文物考古研究院藏

泡饰凸面。外缘针刺锯齿纹，凸面装饰两条缠绕扭结的夔龙，
中心镶铸一朵柿蒂形金花，金花花瓣上有针刺细脉和点纹。
背面为四个短柱体承托一方形环，铸有铭文一周，为"十三祀，
私库，啬夫煮正，工孟鲜"十二字。

"王"字银铺首

Silver Knocker with the Character *Wang*

战国（公元前 475—前 221 年）
高 9 厘米，宽 9.2 厘米，环径 8.6 厘米
河北省平山县中山王𰀁墓出土
河北省文物考古研究院藏

王椁上的铺首之一，为兽面衔环铺首。兽面由涡旋纹和雷纹构成，
两眼圆睁，双角内勾。铺首上有插榫，插榫一侧刻有"王"字。

第二单元　胡风渐入

　　战国纷争，秦、赵、燕北与戎、胡相接，深受草原文化影响。这一区域出土的金银器，无论风格还是制作工艺，都表现出草原、中原两种不同文化的互补与融合。战国诸国间的往来，更加速了草原文化经秦、赵、燕影响至中原腹地的进程。

UNIT TWO

THE INFLUENCE OF NOMADIC STYLE

During the Warring States period, the Qin, Zhao, Yan were connected with Rong and Hu to the north, and were deeply influenced by the grassland culture. The gold and silver artifacts unearthed in this region, showed the complementarity and integration of the two different cultures of the grasslands and the Central Plains. The exchange of states accelerated the influence of grassland culture to the hinterland of the Central Plains through Qin, Zhao and Yan.

秦国金器

　　西周时期，非子因养马有功被封至秦地，始建秦国。秦人长期与戎人杂居通婚，甚至被齐、晋等国视为"戎狄"。秦人金器制造业发达，宝鸡地区秦墓中出土了大量金器。

金虎符
Gold Certificate in Form of Tiger

战国（公元前 475—前 221 年）
长 4.8 厘米，高 2.3 厘米
1979 年陕西省凤翔县出土
西安博物院藏

虎符的左半侧。虎首高扬，巨目大耳，龇牙咧嘴，四腿屈卧，长尾上卷。通体纹饰凸雕阴刻而成。虎腹内侧一半长方凸出，一半内凹，凸面与凹面的长、宽、深基本对应，由此可知，虎符的另一半内外结构应与此件结构相反。我国古代的用兵制度规定，兵符右半在国君，左半由在外带兵的将官随身携带，发兵五十人以上，即应告知国君，与国君合兵符之后方可调动军队。因此这件虎符当为在外带兵的将官随身之物。

镂空回首金卧虎

Gold Crouching Tiger

战国（公元前 475—前 221 年）
长 5.2 厘米，宽 3.3 厘米，高 3.3 厘米
1979 年陕西省宝鸡市出土
西安博物院藏

卧虎形。猛虎回首，阔口微抿，巨目宽鼻，目为二孔，大耳上卷，屈身下卧，
长尾上卷。通体施珍珠纹与卷云纹，中空。属某件器物上的装饰件。

金铺首

Gold Knocker

战国（公元前 475—前 221 年）
左：长 9.4 厘米，宽 6.9 厘米，重 91 克
右：长 8.6 厘米，宽 7.5 厘米，重 79 克
2011 年陕西省西安市临潼区新丰镇出土
西安博物院藏

浇铸成形。近似长方形，使用了立体雕、浮雕及镂空雕等工艺技法。表面雕立体云里五条螭龙，通体均为"S"形，顶端一条螭龙爬在云峰，侧首俯视，眼目圆睁，口微张。还有一条螭龙翻云而过，头顶长须呈绞丝状，随云飘动。其他螭龙也是昂首怒目，做奔腾之势。小兽藏于边际，回首下望。金铺首整体以飘浮的柔软云朵烘托螭龙，以对比夸张手法体现欲要搏斗的场面。

赵国金银器

《史记·匈奴列传》载："赵武灵王亦变俗胡服，习骑射，北破林胡、楼烦。"在与北方民族的交流与对抗中，赵国亦受到了"胡风"的影响。从此，胡人使用的带钩逐渐在中原地区流行开来。同时，赵国依托发达的手工业为北方草原民族制造金银器，以此作为政治、外交上笼络"胡人"的手段。

透雕夔龙纹金牌饰
Gold Plaque with Dragon Design

战国（公元前 475—前 221 年）
长 7.2 厘米，宽 4 厘米

1998 年河北省邯郸市赵王陵 2 号陵出土
邯郸市博物馆藏

扁长方形，外缘为一周窄条边框，上饰涡纹组成的卷云纹边饰。其内透雕两条左右对称、相对腾立的夔龙。夔龙昂首屈颈，巨口大张，对衔如意宝钩；长角弯卷，鬃毛下垂，尾部后扬，四肢蜷曲而立，形体威猛。背面各部呈凹槽形，并饰两道用于佩戴的带状穿鼻。侧面原有字迹，现已磨损不清。

蝎形银带钩

Silver Belt Hook in Scorpion-shaped

战国（公元前 475—前 221 年）
长 7.5 厘米，最宽处 2.5 厘米，高 0.5 厘米，重 33 克
2003 年河北省邯郸市邯郸钢铁总厂西区墓葬出土
邯郸市文物保护研究所藏

整体呈蝎形。牌形尖首，弯角状双钳，突睛；窄条扁棱形钩身；
钩端方折。表面阴刻细线纹理，背置圆纽。

动物形银带钩

Silver Belt Hook

战国（公元前 475—前 221 年）
长 6.1 厘米，宽 2.7 厘米，高 1.3 厘米
1995 年河北省邯郸市邯郸钢铁总厂出土
邯郸市文物保护研究所藏

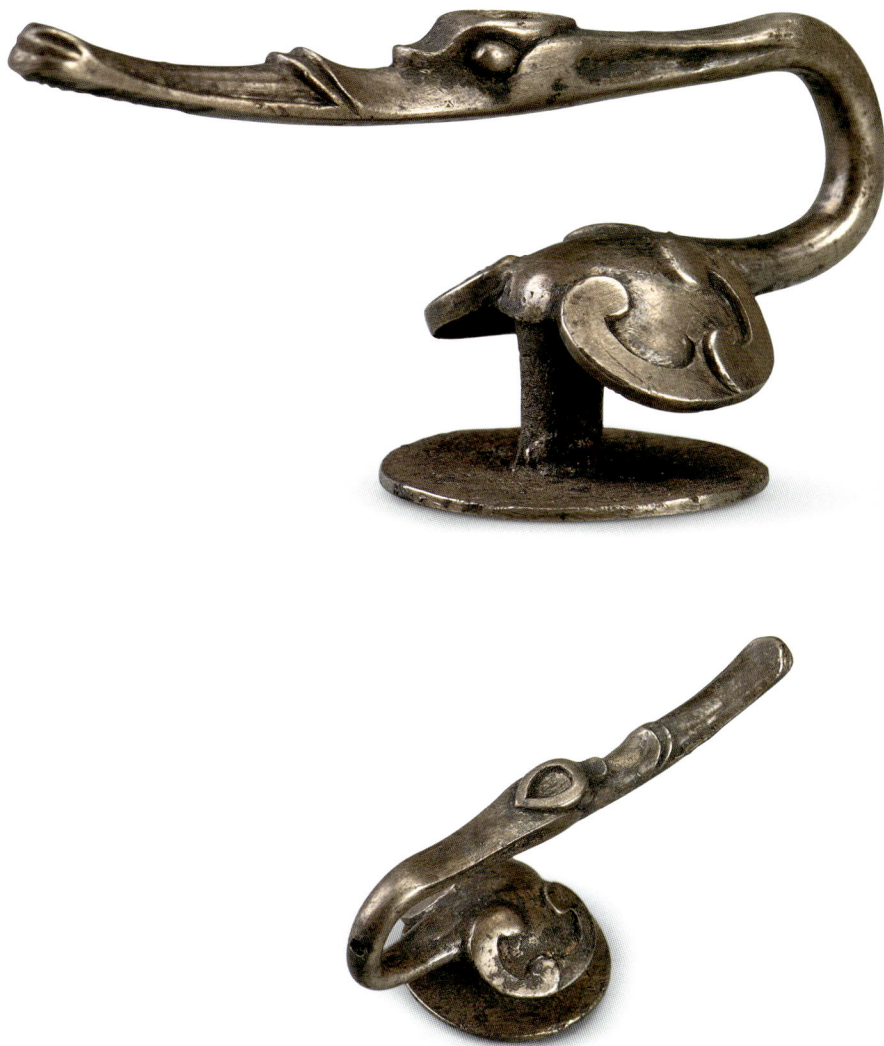

鹅形银带钩

Silver Belt Hook in Waterfowl-shaped

战国（公元前 475—前 221 年）

长 5.8 厘米，宽 2.2 厘米，高 2.8 厘米

2002 年河北省邯郸市三建公司铁西住宅楼出土

邯郸市文物保护研究所藏

带钩整体做鹅形，鹅首弯曲，做回首状。鹅喙偏长，
鹅身铸有羽毛状纹饰，背置圆纽。

兽形金带钩

Gold Belt Hook with Four Snakes Design

战国（公元前 475—前 221 年）
长 2.7 厘米，宽 2.1 厘米，高 1.2 厘米
2007 年河北省邯郸市邯钢冷轧薄板厂出土
邯郸市文物保护研究所藏

带钩饰四条蟠虺纹，排列整齐。钩端曲折，做螭首状，
小巧秀丽。

镶绿松石金泡饰

Gold Oblate Ornament with Turquoises

战国（公元前 475—前 221 年）
直径 3 厘米，高 0.8 厘米

2011 年河北省邯郸市郝村 2 号墓出土
邯郸市文物保护研究所藏

镶绿松石金泡饰

Gold Oblate Ornament with Turquoises

战国（公元前 475—前 221 年）
直径 2.9 厘米，高 0.8 厘米
2011 年河北省邯郸市郝村 2 号墓出土
邯郸市文物保护研究所藏

银勺

Silver Spoon

战国（公元前 475—前 221 年）
长 13.1 厘米，宽 6.1 厘米
2003 年河北省邯郸市邯钢新区出土
邯郸市文物保护研究所藏

银兽首

Silver Tiger Head

战国（公元前 475—前 221 年）

长 5 厘米

2001 年河北省邯郸市赵王陵出土

河北省文物考古研究院藏

做兽首形，中空。顶部做微弧形，双耳宽卷，
鬃毛直立，眉弓、鼻梁挺直，略呈"T"字形，
鼻端似云朵状；环眼圆睁，面肌隆突，吻部前伸，
巨口大张；下颌底面饰桃形镂孔，颈部开圆形
鋬腔。

银器座
Silver Stand

战国（公元前 475—前 221 年）
直径 12.4 厘米，高 3.1 厘米
河北省邯郸市赵王陵出土
河北省文物考古研究院藏

双龙首贴金银带钩

Silver Hook with Double Dragons

战国（公元前 475—前 221 年）
长 19.5 厘米，宽 6.2 厘米，厚 0.3 厘米
1985 年河南省洛阳市涧西区战国墓出土
洛阳博物馆藏

板面长弧形。正面两个龙首前伸，龙舌长伸，舌尖
上卷成钩状；龙角成凸棱，向后延伸至末端，上饰
四条弦纹；尾部为四个小兽头；凸棱间凹部和龙角
前后两端贴饰黄金薄片。造型精巧别致，制作精细。

燕国金器

　　燕下都遗址辛庄头30号墓出土近百件纯金饰件，大部分雕琢牛、马、羊、骆驼、鹿、熊、怪兽等图案，形神兼备，熠熠生辉。这批金器草原风格浓郁，且部分金饰件背后刻有记重铭文，可能为中原地区制作。

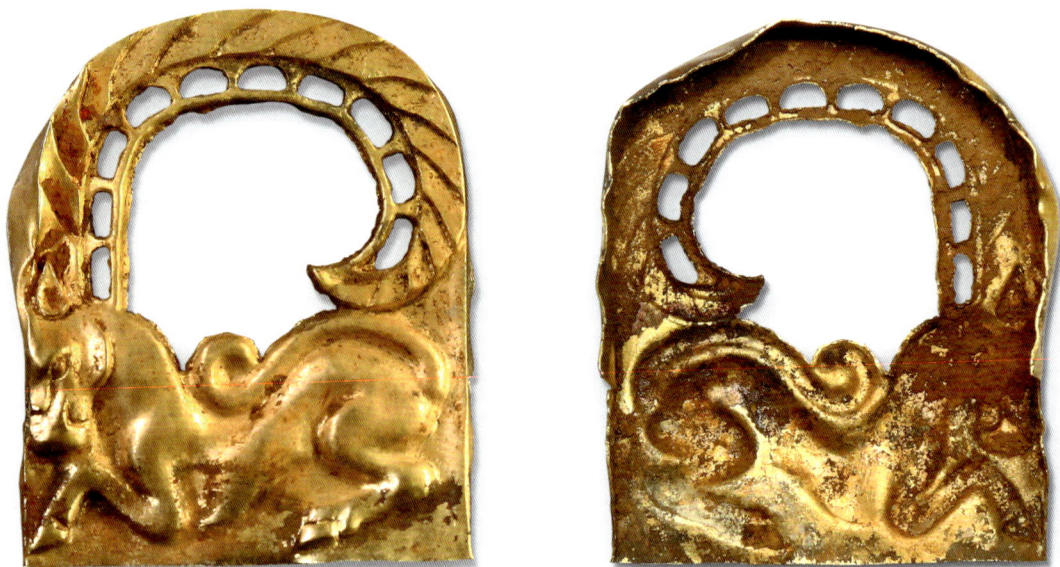

马纹金饰

Gold Ornament with Horse Design

战国（公元前 475—前 221 年）
长 4.1 厘米

河北省易县燕下都遗址辛庄头 30 号墓出土
河北省文物考古研究院藏

嵌绿松石金耳坠

Gold Earrings with Turquoises

战国（公元前 475—前 221 年）

长 6.2 厘米

河北省易县燕下都遗址辛庄头 30 号墓出土

河北省文物考古研究院藏

两件耳坠形制相同，上端为金丝弯成的耳环，
下连三层金丝编缀，并嵌串绿松石坠子。造
型玲珑，颜色艳丽。

神兽噬马纹金牌饰线图

神兽噬马纹金牌饰

Gold Ornament with Beasts and Horses Design

战国（公元前 475—前 221 年）

长 11.8 厘米，宽 7.7 厘米，厚 0.3 厘米，重 248 克

河北省易县燕下都遗址辛庄头 30 号墓出土

河北省文物考古研究院藏

牌面压制出对称的神兽噬马纹。靠上部中间有一孔，孔上为牛头。孔下相对两马头，马身弓屈，四蹄相对。马颈被一头猛虎咬住，马后背含在一长角神兽的利齿巨口之中。神兽长有鱼尾。饰件背面上下部位有一横一竖两个桥形组。

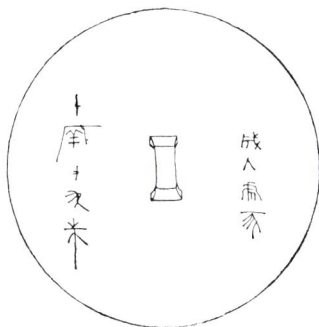

嵌绿松石骆驼纹金牌饰线图及铭文

嵌绿松石骆驼纹金牌饰
Gold Ornament with Camels Design

战国（公元前 475—前 221 年）
直径 9.1 厘米，重 169 克
河北省易县燕下都遗址辛庄头 30 号墓出土
河北省文物考古研究院藏

牌面饰三头屈颈昂首的短尾卧驼，原镶嵌绿松石点缀出骆
驼的眼睛，现仅存一只绿松石眼。其他凹槽内原有镶嵌物，
均已脱失。边缘饰绚纹两周。背面正中有桥形鼻，左侧刻
画记重铭文"十两十九朱"，右侧刻"成人常豕"四个字。

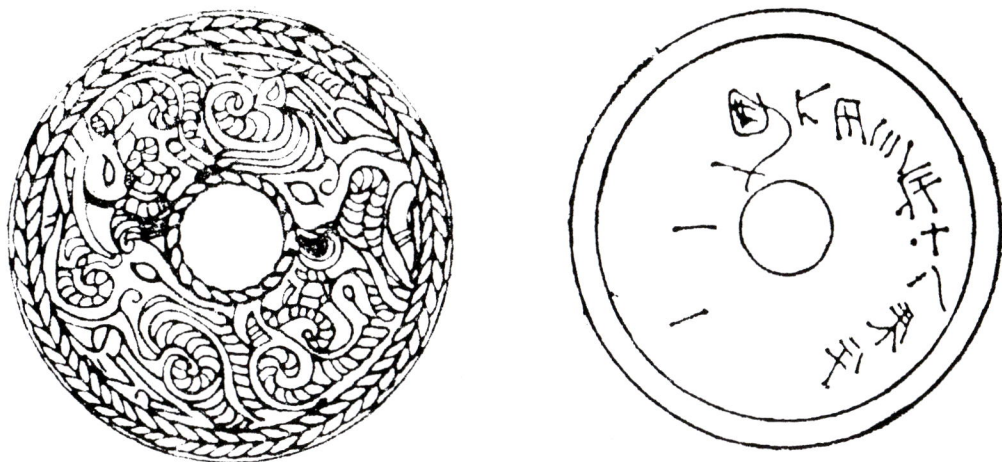

龙噬鹿纹金饰件线图及铭文

龙噬鹿纹金饰件

Hemishere-shaped Gold Ornaments with a Hole

战国（公元前 475—前 221 年）
直径 4.5 厘米，高 1.6 厘米
河北省易县燕下都遗址辛庄头 30 号墓出土
河北省文物考古研究院藏

整体呈半球形。顶部正中均有一直径 1.05 厘米的圆穿。金饰件外周缘窄边上均饰麻花形掐丝两周。表面压印三组相同的龙噬鹿图案，三组图案首尾相连，结构紧凑。饰件背面均錾刻记重铭文。其中一件铭文为"四两十八朱半朱"。

虎噬鹿纹金饰件

Gold Ornament with Tigers and Deer Design

战国（公元前 475—前 221 年）
直径 4.8 厘米，高 1.5 厘米

河北省易县燕下都遗址辛庄头 30 号墓出土
河北省文物考古研究院藏

器表顶部正中浮雕一只小鹿，鹿长颈，前足弯曲于腹部，后足高扬至后背。周围浮雕几组老虎噬鹿图案。饰件周沿有一圈窄边，顶部背面正中有一桥形纽。饰件背面錾刻记重铭文。

牛马纹金饰件
Gold Ornaments with Bull and Horses Design

战国（公元前 475—前 221 年）
长 5.6 厘米，宽 3.5 厘米
河北省易县燕下都遗址辛庄头 30 号墓出土
河北省文物考古研究院藏

略呈桃形，器身稍微向上隆起。正面中间饰一牛头形纹样，其下两侧饰
双马纹，双马首相背，竖目，弯颈，前肢弯曲而卧，一后肢弯曲相对向上，
另一后肢及尾部向下延伸相对。饰件背面有一桥形组，无铭文。

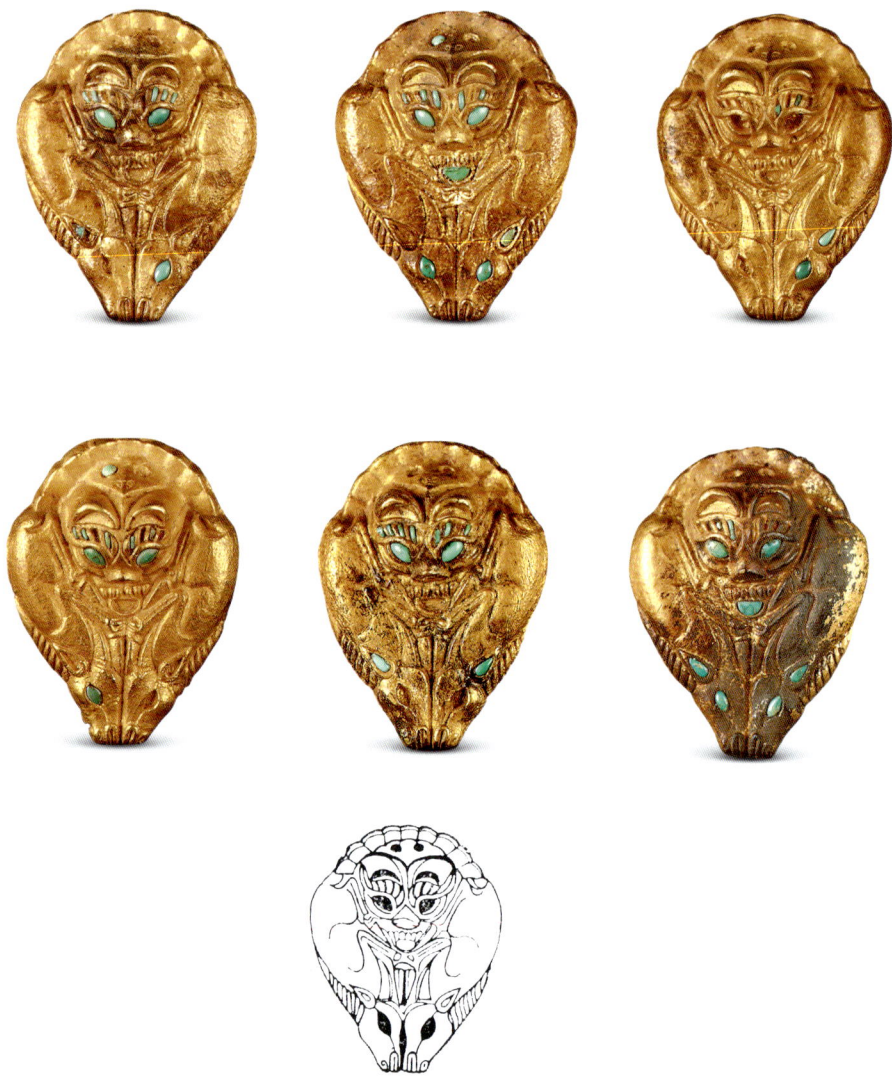

嵌绿松石熊羊纹金饰件线图

嵌绿松石熊羊纹金饰件

Gold Ornaments with Relief of Bear and Sheep Design

战国（公元前 475—前 221 年）

长 4.9 厘米，最宽处 3.8 厘米

河北省易县燕下都遗址辛庄头 30 号墓出土
河北省文物考古研究院藏

平面略呈桃形。正面微鼓，上端正中为熊首纹，向下对称雕饰头相背的两长角羊纹。羊前肢朝外，后肢蜷曲于画面正中。熊的眼、眉、口及长角羊的眼、耳均有镶嵌物，现已多处脱落。饰件背面有一桥形纽，并刻有记重铭文。

胡人头像金饰件线图

胡人头像金饰件

Gold Ornaments with a Human Head Design

战国（公元前 475—前 221 年）
长 5.1 厘米，宽 3.5 厘米
河北省易县燕下都遗址辛庄头 30 号墓出土
河北省文物考古研究院藏

纹饰为典型的胡人头像，头戴毡帽，弯眉圆目，高鼻
阔口，两撇短须向上翘起，头两侧饰三层对称连弧纹。
背面有一竖桥形纽，纽两侧刻记重铭文。

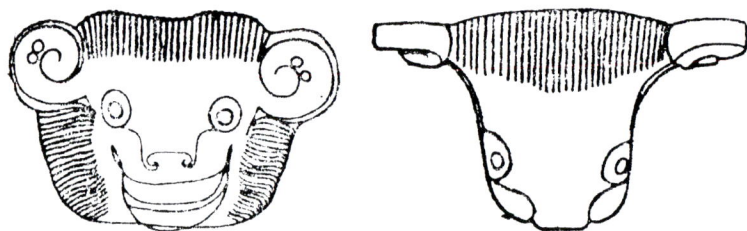

熊首形金饰件线图

熊首形金饰件
Bear-head-shaped Gold Ornament

战国（公元前 475—前 221 年）
长 5.2 厘米，宽 3.2 厘米，重 42.2 克
河北省易县燕下都遗址辛庄头 30 号墓出土
河北省文物考古研究院藏

器形为一熊首。熊首卷耳、圆目、宽鼻、阔口，头
上和两侧均刻画出毛发纹理，耳上各有两个圆穿。
造型生动形象。

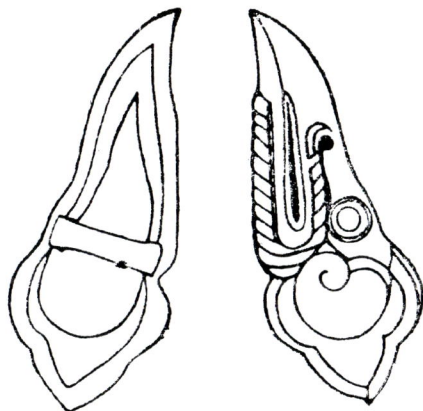

鹰首形金饰件线图

鹰首形金饰件
Bird-beak-shaped Gold Ornament

战国（公元前 475—前 221 年）
长 8.1 厘米
河北省易县燕下都遗址辛庄头 30 号墓出土
河北省文物考古研究院藏

鹰首形，长喙弯曲且尖利。鹰的鼻、眼、
耳又组成一个卷角羊头形，甚是巧妙，背
面有一横桥形鼻。

卷角羊首纹金箔片

Gold Foils with Sheep Head Design

战国（公元前 475—前 221 年）
长 2.3—3.2 厘米，宽 2.0—3.2 厘米
河北省易县燕下都遗址辛庄头 30 号墓出土
河北省文物考古研究院藏

金箔片分为两种，一种为一个卷角羊头图案，另一
种为一对卷角羊头图案。边缘均有三至五个圆穿。

透雕卷云纹金箔片

Gold Foils with Cloud Design

战国（公元前 475—前 221 年）
直径 4 厘米，重 3.5 克
河北省易县燕下都遗址辛庄头 30 号墓出土
河北省文物考古研究院藏

金箔片均为圆形，略弧鼓，中心为圆孔。其周围有
四道弧形旋转的祥云。图案简约，装饰性强。原嵌
于铁器首部。

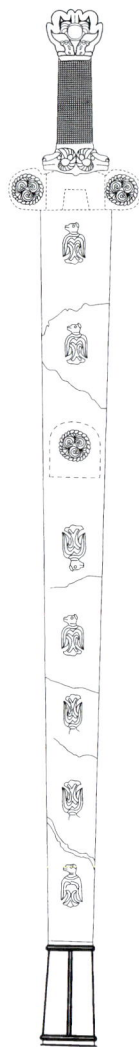

金柄铁剑线图

铁剑金饰件

Gold Ornaments of Iron Sword

战国（公元前 475—前 221 年）
金剑柄长 19 厘米，宽 5.2 厘米，厚 1.8 厘米
金剑珌长 7.8 厘米，底径 4 厘米，高 1.8 厘米
金鸟饰长 2—3.4 厘米
剑通长 71.4 厘米
河北省易县燕下都遗址辛庄头 30 号墓出土
河北省文物考古研究院藏

此为铁剑金饰件，铁剑不存，只剩金饰件，有金柄、金鞘饰、金珌。全剑首两
面纹样相同，均为圆浮雕屈体羊纹，羊双眼嵌绿松石。剑茎满缠金线缕。剑格
的位置饰卷角羊头，羊头朝外。木质剑鞘已朽。鞘口镶嵌倒"凹"字形金箔，
两侧有孔，各镶圆形金箔。鞘身嵌饰鸟形、圆形等金箔。剑末端的金珌上下有
两道箍，无纹饰。

第三单元　中原奢华

秦汉时期，金银器类型更加丰富。汉代在"金银为食器，可得不死"观念的影响下，出现了许多新型器具，如随葬用明器金灶、医药用具金银针等金银器种类。这一时期，黄金用于赏赐、馈赠、聘礼、储存、贸易的文字记载屡见不鲜，大汉财富之丰盈可见一斑。

UNIT THREE

THE LUXURY OF THE CENTRAL PLAINS

During the Qin and Han dynasties, the types of gold and silver vessels were even richer. Under the influence of the concept of "one can be immortalized by using gold and silver vessels" in the Han Dynasty, many new apparatus appeared, such as gold stoves made for burial, gold and silver needles of medicine appliance and other types of gold and silver tools. In this period, gold was usually used as gifts, betrothal gifts, wealth storage and trade.

金饼

Cake-shaped Gold Ingots

西汉（公元前 206—公元 8 年）
直径 3.2—5.7 厘米
1973 年河北省定县（今定州市）八角廊村 40 号汉墓出土
河北省文物考古研究院藏

均为锤击而成的薄片，厚薄不均，一面凸，一面凹，边缘
切割痕迹明显，有的切割较为规则，有的被锤击成不规则
形状，有的则为折叠后重复锤打而成。

金饼

Cake-shaped Gold Ingots

西汉（公元前 206—公元 8 年）
直径 6.2 厘米，其一重 251.91 克，其一重 251.65 克
1973 年河北省定县（今定州市）八角廊村 40 号汉墓出土
河北省文物考古研究院藏

两枚。金饼一，面有"凡"形戳记。金饼二，面有"凡""凡"戳记，在"凡"下有一方形戳记，似为一"吉"字。

金饼

Cake-shaped Gold Ingot

西汉（公元前 206—公元 8 年）
直径 1.8 厘米，厚 0.6 厘米

1968 年河北省满城汉墓出土
河北博物院藏

呈圆饼状，外缘厚，内部凹陷。

金饼

Cake-shaped Gold Ingot

西汉（公元前 206—公元 8 年）
直径 2.6—2.9 厘米

1968 年河北省满城汉墓出土
河北博物院藏

均做不规则圆饼状，周缘留有切割
痕迹，有的经过锤打，表面鼓起，
背面略凹。

金饼

Cake-shaped Gold Ingots

西汉（公元前 206—公元 8 年）

直径 5.67—6.6 厘米，厚 0.82—1.64 厘米

1999 年陕西省西安市未央区谭家乡北十里铺东村出土

西安博物院藏

形制均为圆饼形，面微凸，底部内凹，凹陷处有"∨"及"千"戳印，刻画"吉""阳城"等楷书铭文。俗称"柿子金"或"金饼"，有的上刻"令之"（"麟趾"的俗写）字样。系采用模具浇铸而成。重量多在 247 克左右。

金饼

Cake-shaped Gold Ingots

西汉（公元前 206—公元 8 年）
其一直径 5.9 厘米，重 246 克；其一直径 6 厘米，重
245 克
1999 年陕西省西安市未央区谭家乡北十里铺东村出土
陕西历史博物馆藏

马蹄金

Horse Hoof-shaped Gold Ingot

汉（公元前 206—公元 220 年）
直径 5.2 厘米，高 2.6 厘米

河北省易县征集
河北博物院藏

马蹄金

Horse Hoof-shaped Gold Ingot

汉（公元前 206—公元 220 年）
长 5.8 厘米，宽 4.7 厘米，高 3.7 厘米
1973 年河北省定县（今定州市）八角廊村 40 号汉墓出土
河北省文物考古研究院藏

斜壁向上略收，壁前高后低，形如马蹄，壁面饰以四道较为规
整的横向波纹。上壁周缘以金丝掐成的纹样镶饰，为两周连珠
纹中间夹一周珠花纹，下面为一周 "𝇊" 形纹。镶嵌物缺失，
上口变形，内有支撑镶嵌的四个小凸起，底部阴刻纹内模铸
阳文 "上" 字。

马蹄金

Horse Hoof-shaped Gold Ingots

西汉（公元前 206—公元 8 年）

其一横 6.2 厘米，纵 5.5 厘米，高 3 厘米，重 259 克

其一横 6.3 厘米，纵 5.2 厘米，高 3 厘米，重 249.5 克

1978 年河南省襄城县王洛镇北宋庄村出土

河南博物院藏

马蹄金

Horse Hoof-shaped Gold Ingot

西汉（公元前 206—公元 8 年）

横 5.2 厘米，纵 6.4 厘米，高 3.4 厘米

1974 年陕西省西安市雁塔区鱼化寨乡北石桥村出土

西安博物院藏

外形如马蹄，中空。底面呈椭圆形，中心凹进，四
周为斜立壁，向上渐向中心收进，前壁最高，左右
壁渐低，后壁退向中心，逐渐降低。后右侧有孔，
后壁中部有一铭文"王"字。

马蹄金

Horse Hoof-shaped Gold Ingot

西汉（公元前 206—公元 8 年）
高 3.5 厘米，直径 5.6 厘米
1974 年陕西省西安市雁塔区鱼化寨乡北石桥村出土
西安博物院藏

底部圆形，背面中空，周壁向上斜收，口小底大。

马蹄金

Horse Hoof-shaped Gold Ingot

西汉（公元前 206—公元 8 年）

长径 5.4 厘米，短径 5.0 厘米，高 2.9 厘米

陕西省咸阳市渭城区窑店乡毛王沟村出土

咸阳博物院藏

底部为椭圆形，稍内凹，周壁向上斜收，近中心处
有一大蹄窝，侧旁有一小蹄窝，色泽黄亮，纯度较
高，含金量达 98%。

马蹄金

Horse Hoof-shaped Gold Ingot

西汉（公元前 206—公元 8 年）

长径 6.8 厘米，短径 5.2 厘米，高 3.3 厘米

陕西省咸阳市渭城区窑店乡毛王沟村出土

咸阳博物院藏

蹄状，近似半圆形，底部稍凹，阴刻铭文"十五两十朱"。前侧向上收分成弧壁，形成大蹄窝，大蹄窝下有一小蹄窝。

"驸马都尉"银印

Silver Seal with Characters Fumaduwei

汉（公元前 206—公元 220 年）

长 2.2 厘米，宽 2.2 厘米，高 2.3 厘米

1970 年河南省洛阳市伊川县江左乡周村出土

洛阳博物馆藏

铸造而成，龟纽，印面呈正方形，篆书"驸马都尉"四字。驸马都尉是古代官职之一，汉武帝时始置驸马都尉。驸，即副。驸马都尉，掌副车之马，是近侍官之一。

金串珠

Gold String Beads

东汉（公元 25—220 年）

直径 0.5—0.57 厘米，重 27.22 克

1980 年河北省蠡县汉墓出土

河北省文物考古研究院藏

金珠二十三枚，为范铸、抛光、中空、素面。

金环

Gold Ring

东汉（公元 25—220 年）
直径 1.7 厘米
河北省定州市王庄子村出土
河北省文物考古研究院藏

琵琶形金带钩

Gold Hook with Lute Design

东汉（公元 25—220 年）

长 8 厘米，宽 1.8 厘米，高 1.5 厘米

1972 年河北省邯郸市张庄桥 1 号墓出土

邯郸市文物保护研究所藏

兽头形钩首，耳、鼻、唇各部刀法简洁，颈部向下渐宽。钩体圆鼓，钩尾宽肥，钩背宽平。下置一圆纽。

银带扣

Silver Hook

西汉（公元前 206—公元 8 年）

长 4.6 厘米，宽 2.8 厘米

1968 年河北省满城汉墓出土

河北博物院藏

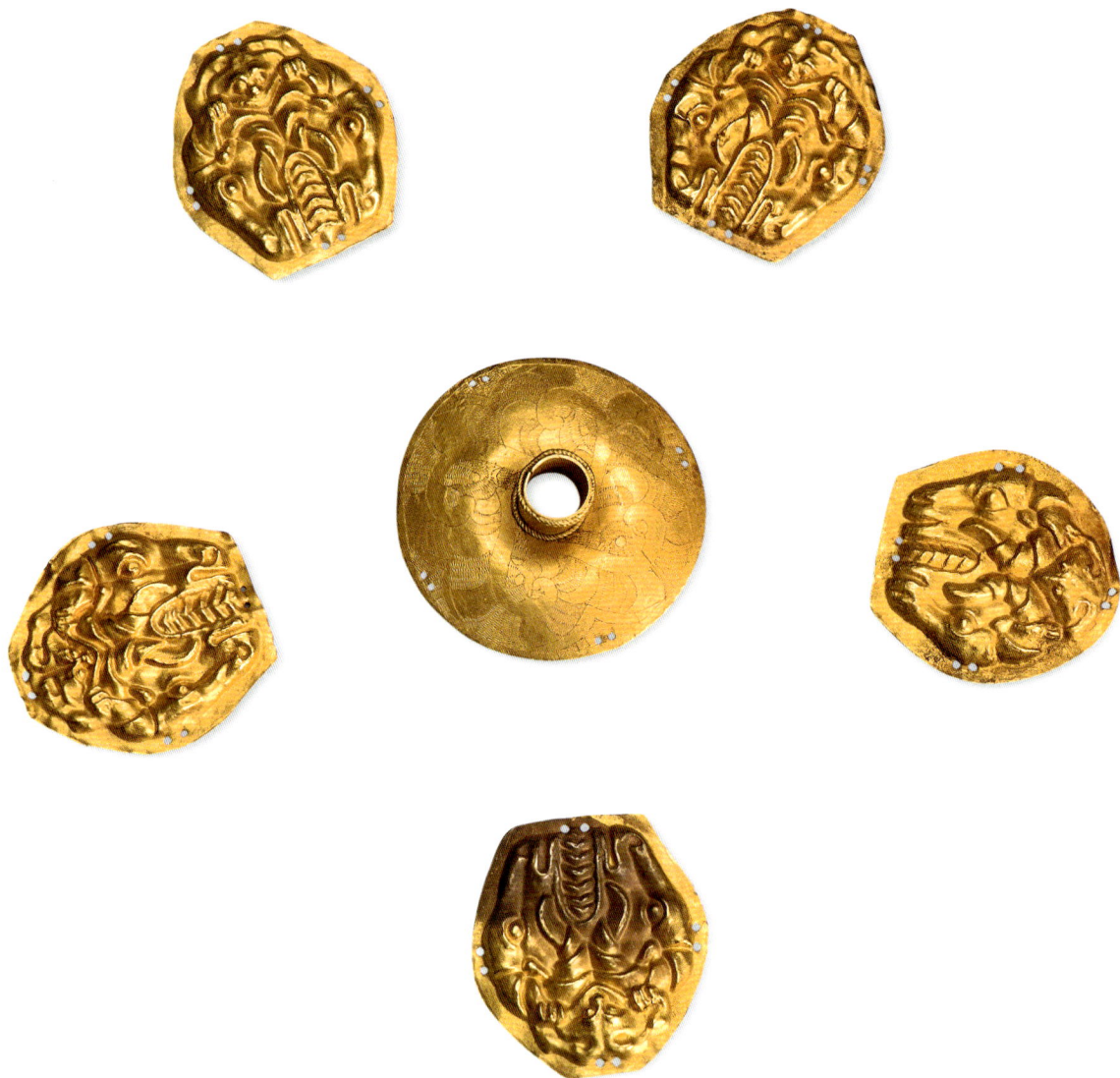

兽面金盔饰

Gold Helmeted Ornaments

西汉（公元前 206—公元 8 年）

顶饰直径 4.7 厘米，泡饰 3.3—3.9 厘米

2003 年河北省邯郸钢铁总厂西区墓葬出土

邯郸市文物保护研究所藏

一组六件，由一件盔缨座和五件兽面泡饰组成。盔缨座为弧面圆形，表面契刻由细密"之"字和弧线纹组成的圆眼、尖喙、顶羽后扬、肢体舒展的四只连体凤鸟纹，边缘有四对等距的用以连缀的小孔；上部正中为插缨饰或羽翎的管状柱，柱两端各有一或两道绳索状箍饰。泡饰近椭圆形，压窄边，周饰四对小孔，中部压印猛兽，前爪各抓一只犄角粗壮弯曲、头部下垂、嘴部微张的浮雕式羊头。

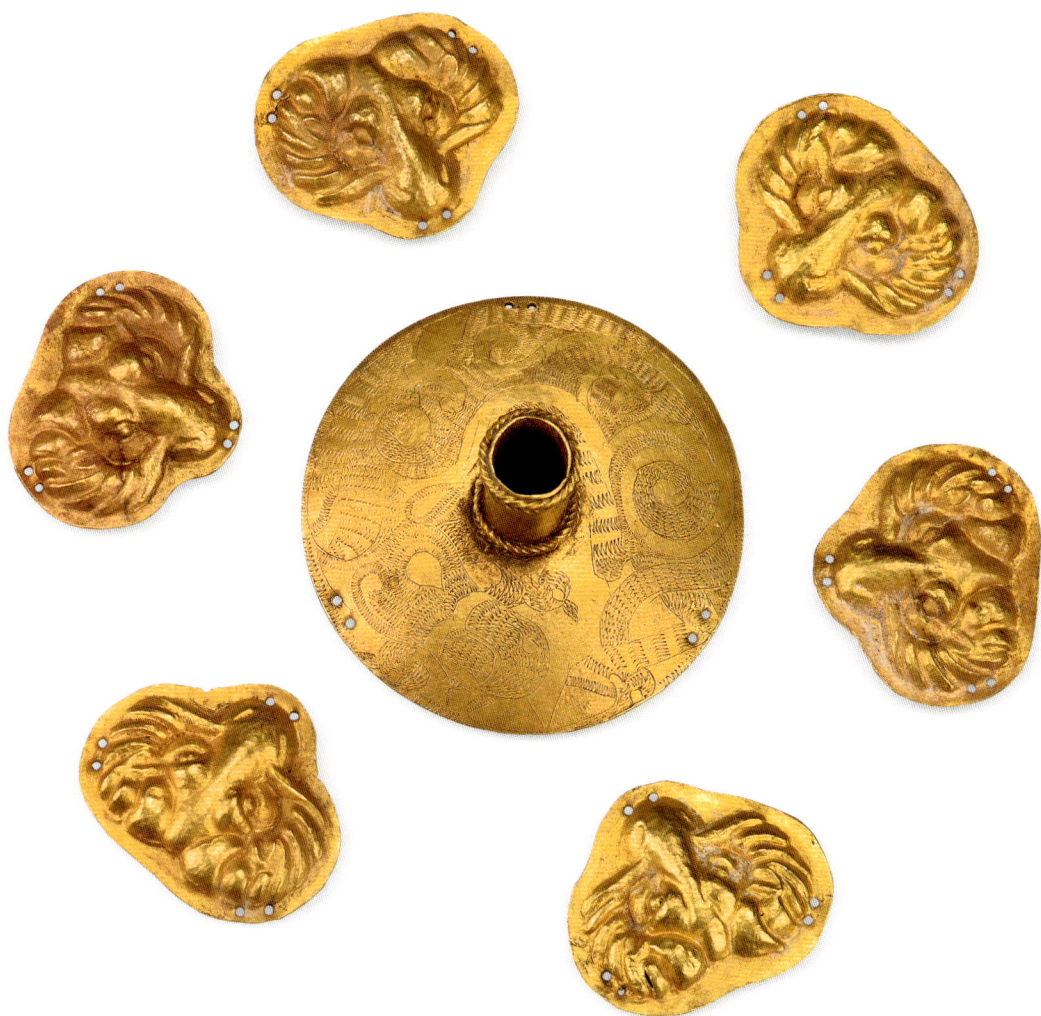

兽面金盔饰

Gold Helmeted Ornaments

西汉（公元前 206—公元 8 年）

顶饰直径 4.6 厘米，泡饰 2.4—2.9 厘米

2003 年河北省邯郸钢铁总厂西区墓葬出土

邯郸市文物保护研究所藏

一组七件，由一件盔缨座和六件狮面泡饰组成。盔缨座为球面形，表面契刻由细密的"之"字纹组成的疏密相间的羽带状图案，外缘有三对等距的用以连缀的细孔，正中为插缨饰或羽翎的管状柱，柱两端各有两道并列的绳索状箍饰。泡饰略呈桃形，外压窄边，周饰三对细孔，中部压印出眼鼻清晰、鬣毛丰满、惟妙惟肖的浮雕式狮面。

金饰件

Gold Ornaments

西汉（公元前206—公元8年）

高 3.9 厘米，宽 3.7 厘米

1968 年河北省满城汉墓出土

河北博物院藏

略似杏仁形，面上锤揲成对称的动物花纹，顶端和两下角各有小孔一对，当为穿线缝缀而设。

镂雕龙凤纹银铺首
Open-worked Silver Knocker-base of Coffin

西汉（公元前 206—公元 8 年）
环长 12.9 厘米，宽 14.9 厘米
1968 年河北省满城汉墓出土
河北博物院藏

银铺首两侧攀附两条对称的蟠龙，龙首引颈向外，中作
兽面衔环，环由对称的双凤双龙组成，凤居上，双龙攀
附其下，龙头探向环心。整体造型玲珑别透，精致美观。

第
一
部
分

容
融

101

马辔银饰件

Silver Ornaments of Horses

汉（公元前 206—公元 220 年）

长 7.3 厘米

河北省定州市三盘山汉墓出土

河北省文物考古研究院藏

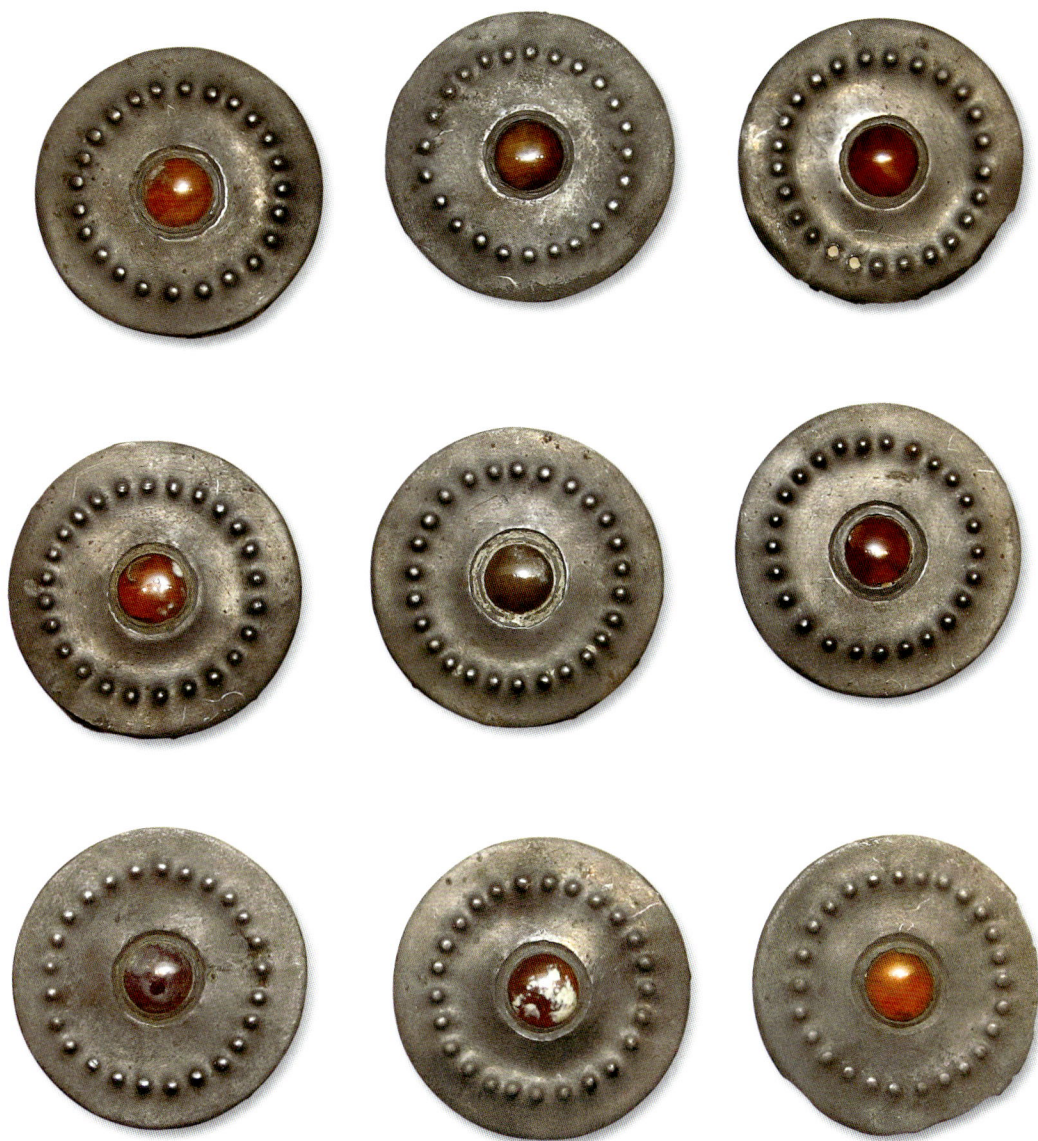

银马服饰

Silver Ornaments of Horses

西汉（公元前206—公元8年）

直径 5 厘米

1968 年河北省满城汉墓出土

河北博物院藏

马配饰，中心镶嵌球面形红玛瑙一颗，
周边装饰连珠纹。

银当卢

Silver Ornaments of Horses

西汉（公元前 206—公元 8 年）
残长 9.3—13.5 厘米
1973 年河北省定县（今定州市）八角廊村 40 号汉墓出土
河北省文物考古研究院藏

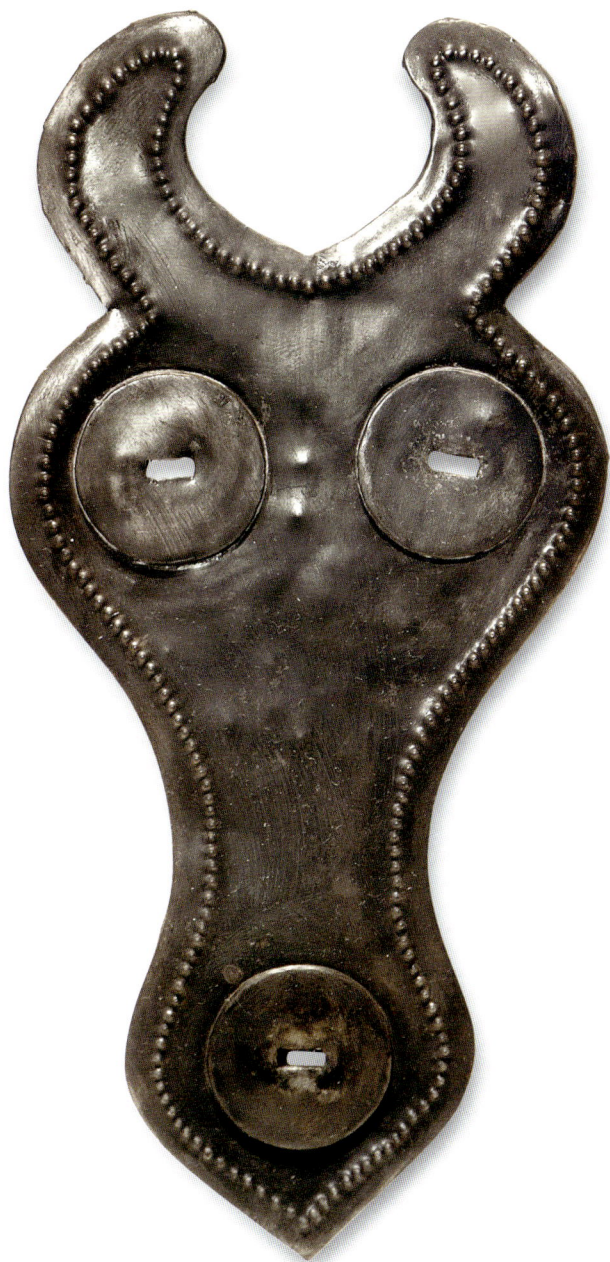

银当卢

Silver Ornaments of Horses

西汉（公元前 206—公元 8 年）

高 26.8 厘米

1968 年河北省满城汉墓出土

河北博物院藏

马配饰，做马面形，两耳内卷。两眼和嘴部呈椭圆形，微
凸，中心各镂一长方形孔。边缘饰连珠纹，沿内折，上设
穿线孔。

银盾饰

Silver Shield Handles

西汉（公元前 206—公元 8 年）
长 11.2 厘米，宽 1.4 厘米
1968 年河北省满城汉墓出土
河北博物院藏

卧形金兽

Prostrate Gold Beast

汉（公元前 206—公元 220 年）
长 6.1 厘米
内蒙古自治区乌兰察布市商都县刀常元村出土
河北博物院藏

整体为一只俯卧的小兽，似为虎形。张口，竖
耳，四肢弯曲向前，尾部上卷，口部有一圆孔。

金医针　　　　银医针

Gold Needles　　Silver Needles

西汉（公元前 206—公元 8 年）

长 5—6.9 厘米

1968 年河北省满城汉墓出土

河北博物院藏

共六枚，金医针四枚，银医针两枚。医针是针刺经络穴位的医疗用具，常与熏灼经络穴位的灸法合用，称针灸。满城汉墓所出医针是目前见到的最早的金属医针。

银漏斗形器
Silver Medicine Feeder

西汉（公元前 206—公元 8 年）
高 5.2 厘米，口径 3.8 厘米

1968 年河北省满城汉墓出土
河北博物院藏

医疗器具。侈口，口沿平折，深腹渐收
为尖底作漏，漏口偏圆形，略向一侧偏
歪，器腹饰宽带凸弦纹一周。制作规整。

银勺
Silver Spoon

西汉（公元前 206—公元 8 年）
长 21 厘米，高 4 厘米，口径 8.6 厘米，重 178.3 克

1991 年河北省获鹿县（今石家庄市鹿泉区）高庄村西汉墓出土
石家庄市鹿泉区文物保护管理所藏

金银曜烁　美熠四方

折腹银盆
Silver Basin

西汉（公元前 206—公元 8 年）
高 8 厘米，口径 31 厘米，底径 15.7 厘米，重 1.15 千克
1991 年河北省获鹿县（今石家庄市鹿泉区）高庄村西汉墓出土
石家庄市鹿泉区文物保护管理所藏

110

折腹银盆

Silver Basin

西汉（公元前 206—公元 8 年）
高 7.5 厘米，口径 26.5 厘米，底径 14.5 厘米，重 0.8 千克
1991 年河北省获鹿县（今石家庄市鹿泉区）高庄村西汉墓出土
石家庄市鹿泉区文物保护管理所藏

折沿，直壁，腹部折收至底，收成平足。其轮廓棱角分明，器壁较薄，
形制规整。器表光泽细腻，素面无纹，出土后仍色白如新，说明其可
能使用过抛光技术。盆腹上錾刻"五官"二字款，疑其为西汉王室用品。

金箔饰片

Gold Foils

汉（公元前 206—公元 220 年）
最大长 30 厘米
河北省定州市三盘山汉墓出土
河北省文物考古研究院藏

动物形金箔片

Animals-shaped Gold Foils

西汉（公元前 206—公元 8 年）

最大残长 2.7 厘米

河北省阳原县出土

河北省文物考古研究院藏

马蹄金

Horse Hoof-shaped Gold Ingot

西汉（公元前 206—公元 8 年）

长 5.8 厘米，宽 4.7 厘米，高 3.7 厘米，重 272.85 克

1973 年河北省定县（今定州市）八角廊村 40 号汉墓出土

河北省文物考古研究院藏

形如马蹄。斜壁向上略收，壁前高后低，壁面饰以四道较为规整的横向波纹。上壁周缘以金丝掐成的珠花纹样镶饰。上口略小于底径，其上镶嵌物已石化。

麟趾金

Qilin Hoof-shaped Gold Ingot

西汉（公元前 206—公元 8 年）
垂直高：3.4 厘米，底径：1.5 厘米 ×4.8 厘米
上口径：1.25 厘米 ×2.75 厘米，重 65.67 克
1973 年河北省定县（今定州市）八角廊村 40 号汉墓出土
河北省文物考古研究院藏

整体似趾瓣形，中空，长斜壁。前壁斜度较大，后壁较短。上壁周缘以
金丝掐成的纹样镶饰，主体纹样呈 "∞∞" 形，后侧有一金丝盘成的珠花
状结节，上口镶嵌一椭圆形白玉面。底部略呈椭圆形，前部略尖，后部
略圆。通体经抛光，华丽精美。

掐丝镶嵌金辟邪
Gold *Bixie*

东汉（公元 25—220 年）

长 3.7 厘米，高 3.3 厘米，底座 4.8 厘米，重 9.7 克

1969 年河北省定县（今定州市）陵头村东汉中山穆王刘畅墓出土

定州博物馆藏

形似虎，辟邪头上有二角，做昂首阔步状。采用焊接、掐丝、缠绕技法制作。前额隆起，角向后垂卷，镶红玛瑙、绿松石珠为睛，张口露齿，四肢前伸，长尾拖地。身体以金片捏制成型，角、尾为粗金丝上缠绕细丝，颈前和后背在凹槽内镶嵌红玛瑙、绿松石；其他部位也零星镶嵌红玛瑙、绿松石。体表满饰密集的金粟粒。此件辟邪应是以虎为原型加以兽形变，造型生动，颇具想象力。

第四单元　交相辉映

　　魏晋南北朝是中国历史上民族文化融合的高潮，以鲜卑族为代表的北方草原文化为中原文化的进程汇入了新鲜血液。代表两种不同文化的金银首饰、金银容器在造型、纹饰、工艺等方面相互融合、借鉴，为隋唐时期金银器的大发展奠定了基础。

UNIT FOUR

THE CLIMAX OF NATIONAL CULTURE INTEGRATION

　　The Wei, Jin and North-South Dynasties were the climax of national culture integration in Chinese history. The northern grassland culture represented by Xianbei ethnic group integrated fresh blood into the Central Plains culture. Gold and silver jewelries and containers representing two different cultures fused with each other and learned from each other in modeling, ornamentation and technology, which laid a foundation for the great development of gold and silver wares in the Sui and Tang Dynasties.

驼纽"晋匈奴归义王"金印

Gold Seal with Characters *Jinxiongnuguiyiwang*

西晋（公元 265—317 年）

高 2.5 厘米

传世

首都博物馆藏

铸造而成，正方体，印面为"晋匈奴归义王"六字，阴刻篆书。
印纽为一卧姿骆驼，四肢弯曲下卧，眼神温顺，神态乖巧，
具有浓郁的北方游牧民族风格。

龟纽"关中侯印"金印

Gold Seal with Characters *Guanzhonghou*

魏晋（公元 220—420 年）

长 2.4 厘米，宽 2.4 厘米，高 2.2 厘米，重 125 克

1976 年河北省邯郸市三堤村北出土

邯郸市文物保护研究所藏

印面正方，其上篆刻阴文"关中侯印"四字；顶部为浮雕龟纽，
龟做爬行状，昂首、拱背、垂尾，四肢直立。

银镯

Silver Bracelets

晋（公元 265—420 年）

直径 6 厘米

北京市顺义区砖厂出土

首都博物馆藏

金狮串饰

Gold Ornaments in Lion-shaped

西晋（公元 265—317 年）
长 1.2—1.3 厘米
1955 年河南省洛阳市孟津县平乐乡金村出土
洛阳博物馆藏

金狮抬头仰视，四肢屈曲，背部隆起，做卧伏状。造型简练，神态雄威。

金顶针

Gold Thimble

北朝（公元 386—581 年）

径 1.7 厘米

北京顺义区北朝墓出土

首都博物馆藏

浇铸成形，环状，顶针面中间均匀錾刻大量小圆凹，内侧光素。这是迄今北京地区北朝墓中出土的唯一一件金顶针，为研究北朝生活习俗提供了珍贵的资料。

羊首金牌饰

Gold Ornaments with Sheep Pattern

北朝（公元 386—581 年）

长 4.64 厘米

2002 年陕西省西安市临潼区代王镇出土

西安博物院藏

呈桃形，外缘随形饰一周阴弦纹，内侧饰两羊首，羊首下颚相贴，面部均向同一方向，隆鼻，抿口，大眼圆睁，耳后抿，巨大的羊角从头顶伸出，绕过羊耳，弯曲向前。整片牌饰采用模压技法制作而成，立体感较强。为人物服饰或器物上的装饰件。

1990 年唐山市滦县（今滦州市）塔坨村发现一处汉末鲜卑墓地，出土一批金器，其中马形金饰件、双鹿纹金牌饰、金耳饰等具有典型的鲜卑风格，类似的器物在滦南县小贾庄等地亦有发现。

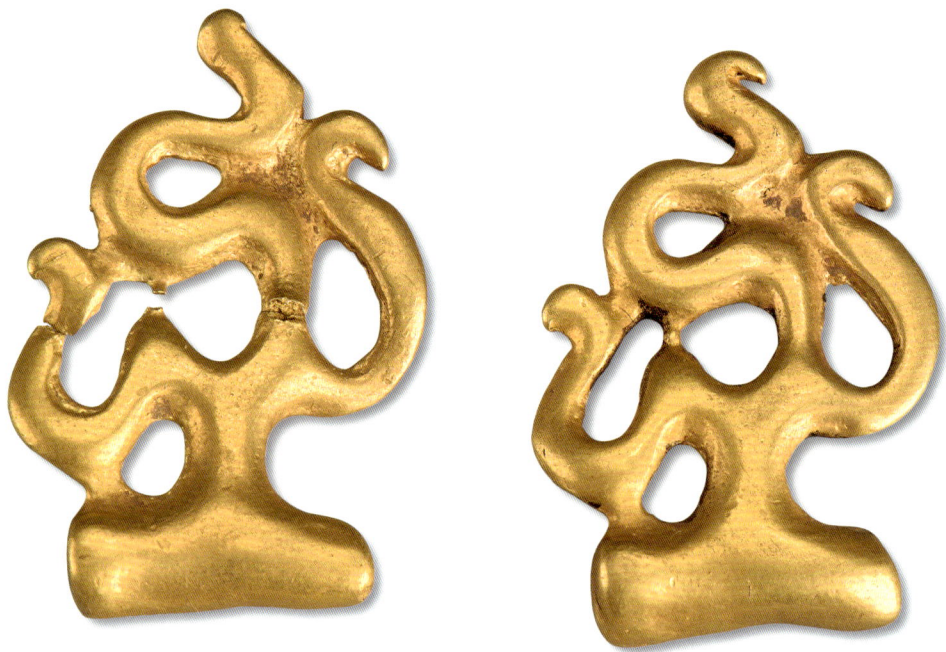

金饰件
Gold Ornaments

汉（公元前 206—公元 220 年）
高 3.55 厘米
河北省迁安市迁安镇苏各庄出土
迁安博物馆藏

器物整体秀丽精致，似树形，又似鹿角。下端金片翻卷向后，中空，当为缝缀在其他器物上的饰品。

金耳饰

Gold Earrings

汉（公元前 206—公元 220 年）

重 7.1 克

河北省滦州市塔坨汉墓出土

唐山博物馆藏

金片剪制后，左右分别卷起做对称的四个盘旋状花饰，底部用同样手法制成一较大花饰。当为耳饰，挂于耳部的弯钩缺失。此类型耳饰多见于东汉末期鲜卑墓葬，内蒙古、吉林、山西等地均有出土，质地多样，既有青铜、铜包金，亦有金或骨质地。

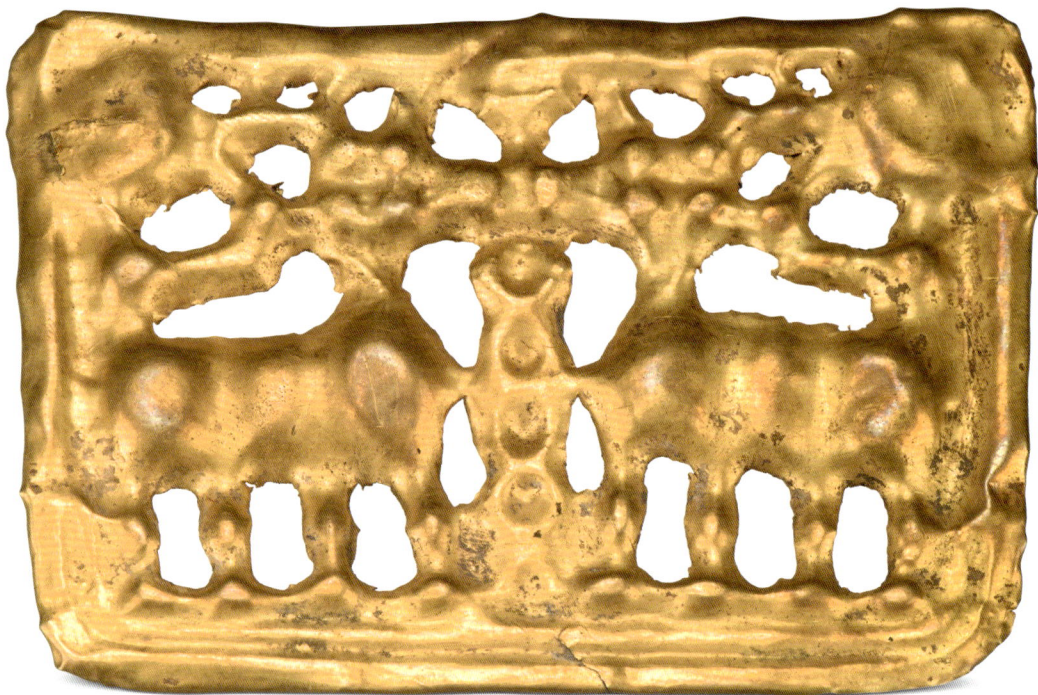

双鹿纹金牌饰

Gold Plaque Ornament with Two Deers Pattern

汉（公元前 206—公元 220 年）
长 8.5 厘米，宽 6 厘米，重 15.7 克
河北省滦州市塔坨汉墓出土
唐山博物馆藏

长方形边框，框内两鹿对鸣，呈站立状，中间有五个圆形
凸起。鹿角相连，边框饰压印纹一周。此种地子镂空的鹿
纹牌饰是拓跋鲜卑的典型器型。

马形金饰件

Gold Ornament in Horse-shaped

汉（公元前 206—公元 220 年）
通长 6 厘米，高 4 厘米，重 13.4 克
河北省滦州市塔坨汉墓出土
唐山博物馆藏

马呈卧姿，头部有冠，背部有鬃，马尾下垂，
与马匹四肢连为一体。马匹身躯健壮有力。

子母马形金饰件

Gold Ornament in Double-horses-shaped

汉（公元前 206—公元 220 年）

长 7.3 厘米，高 5 厘米，厚约 0.1 厘米，重 58.5 克

河北省滦州市塔坨汉墓出土

滦州市文物保护管理所藏

母马呈卧姿，头部有马冠，耳、眼清晰，颈短粗，鬃毛直立，背部设有马鞍，其上为一小马。小马马头有缺失，直立站于母马背上，马尾与母马马尾相连，并与母马四肢连为一体。此类饰件应为缝缀在衣物上的饰牌，为鲜卑民族所特有，流行年代在东汉晚期至魏晋时期。

子母马形金饰件

Gold Ornament in Double-horses-shaped

汉（公元前 206—公元 220 年）
长 6.5 厘米，高 4.6 厘米，厚约 0.5 厘米，重 21.4 克
河北省滦州市塔坨汉墓出土
滦州市文物保护管理所藏

母马马体秀长，呈卧姿，头部有冠，颈较长，颈背部鬃毛直立，
腹下有垂花，背部站立一小马。母马头部有一小孔，与腹下垂
花形成的两个小孔都应为缝缀所用。

金耳环
Gold Earrings

汉（公元前 206—公元 220 年）
直径 2.1—2.2 厘米，宽 0.4 厘米，重 6.7 克

河北省滦州市塔坨汉墓出土
滦州市文物保护管理所藏

金臂钏
Gold Armlets

汉（公元前 206—公元 220 年）
其一径 5.8 厘米，其一径 6.3 厘米

河北省滦州市塔坨汉墓出土
滦州市文物保护管理所藏

乳钉状包金饰件
Gold Ornament in Nipple Nail-shaped

汉（公元前 206—公元 220 年）
直径 2.2 厘米，高 1 厘米
河北省滦州市塔坨汉墓出土
滦州市文物保护管理所藏

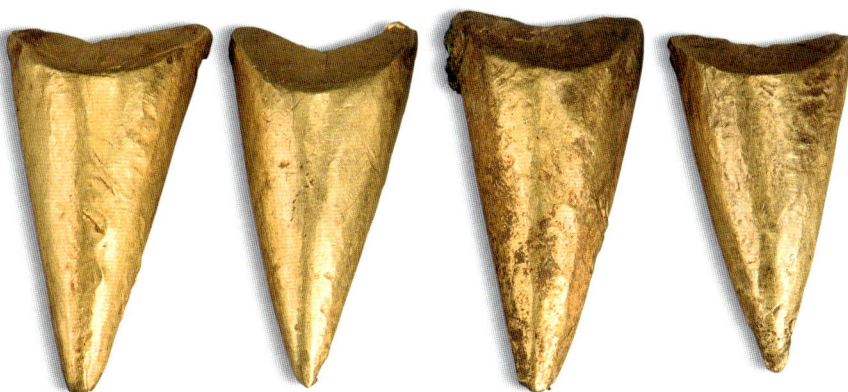

三角形包金饰件
Gold Ornaments in Triangles-shaped

汉（公元前 206—公元 220 年）
高 2.2 厘米，底边 1.1 厘米，厚 0.7 厘米
河北省滦州市塔坨汉墓出土
滦州市文物保护管理所藏

圆形金嵌饰件
Round-shaped Gold Ornament

汉（公元前 206—公元 220 年）
内径 1.4 厘米，外径 3 厘米，重 2.5 克
河北省滦州市塔坨汉墓出土
滦州市文物保护管理所藏

中间凸起呈锥体，上部截去，附一圆环，内有两对称穿孔，边缘
部有两周压印的点状纹。

钹形金饰件
Cymbal-shaped Gold Ornament

汉（公元前 206—公元 220 年）
内径 4.5 厘米，外径 6.5 厘米，重 12 克
河北省滦州市塔坨汉墓出土
滦州市文物保护管理所藏

中间呈半球状凸起，边缘部位有两周压印的点状纹。

金指环
Gold Ring

汉（公元前 206—公元 220 年）
直径 1.9 厘米

河北省滦南县小贾庄村出土
滦南县文物管理所藏

银带扣
Silver Hook

汉（公元前 206—公元 220 年）
长 5.7 厘米，宽 4 厘米

河北省滦南县小贾庄村出土
滦南县文物管理所藏

马形金饰件

Gold Ornament in Horse-shaped

汉（公元前 206—公元 220 年）
长 6.5 厘米，宽 7.1 厘米

河北省滦南县小贾庄村出土
滦南县文物管理所藏

与塔坨汉墓出土金马饰相似，马匹短颈、健壮。马尾
与马身相连处有一圆孔，当为缝缀之用。

金耳环

Gold Earrings

北魏（公元 386—534 年）
直径 1.5 厘米

大同市博物馆藏

游牧民族流行佩戴耳饰，且并非女性专用，男性也普遍佩戴。大同地区北魏
鲜卑墓葬出土金耳饰较多，类型丰富，其中表面光素的圆形或椭圆形耳环数
量最多。形制也最为简单，多为中间粗、两端细的金丝弯曲而成，断面呈圆
形、方形、八棱形等。

云纹包金剑鞘

Gold Scabbard with Clouds Design

汉（公元前 206—公元 220 年）
长 16.5 厘米，宽 2 厘米
河北省滦南县小贾庄村出土
滦南县文物管理所藏

锤揲而成，由一整块极薄金片围合为短剑剑
鞘，围合处用金丝为钉固定，剑鞘尾部使用
金片包合。剑鞘器身遍布云纹。

瑞兽纹金箔饰

Gold Foil with Beast Design

北魏（公元386—534年）

长5.5厘米，宽4.3厘米

山西省大同市云州区安留庄北魏墓出土

大同市博物馆藏

器物近似长方形，上部、左部、下部都饰有水波纹，中心
锤揲出一只瑞兽，四足直立，昂首挺胸，嘴微张，尾巴上翘。
器物的右部下端有缺口，切面整齐，而且在右部的中段还
有小部分纹饰，所以这件器物应该是完整金箔的一部分。

龙凤纹双坠镶嵌宝石金耳环

Ruby Gold Earring with Dragon and Phoenix Design

北魏（公元 386—534 年）

长 5 厘米，宽 2.3 厘米

旧藏

陕西省华阴市西岳庙文物管理处藏

由环身、侧饰、坠饰等组成。环身主体呈圆柱形，以一中间粗、两端细的小金棒锤打、圈制而成，环身至上部逐渐变得圆细，正中装一向内的舌扣。整体錾刻一龙一凤图案。龙张口、圆眼、小耳、弯曲长角，毛发鳞片清晰可见。凤至龙首前，回首相望。环身坠饰一为自上而下依次穿缀的嵌红宝石扁金饰、花草纹镂空金饰和其他珠饰（缺失）；另一为嵌红宝石金托。圆环外侧饰三组相似嵌宝石连珠纹装饰，最上面一组带挂纽，似有连缀物，已遗失。此件耳饰造型富丽，极具中亚风格。

银耳杯

Silver Winged Bowl

北魏（公元 386—534 年）

长 13 厘米，宽 8 厘米，高 5 厘米

征集

大同市博物馆藏

形如元宝，两端上翘，似汉式耳杯。表面鎏金，一耳缺失，遗留一耳略低于口沿，耳边饰有连珠纹。此杯与大同市封和突墓所出银耳杯极为相似，是在汉耳杯基础上的创新之作，造型雅致。

金耳坠
Gold Earrings

北魏（公元 386—534 年）

通长 9.2 厘米

1964 年河北省定县（今定州市）北魏石函出土

河北省文物考古研究院藏

两件金耳环上挂细金丝拧成的圆柱形金绳，上下两
端各悬五个金球，中间为五枚贴石圆形金片，现贴
石已脱落。金绳下端系细金链，每根金链垂有金质
尖锤体。

鎏金银镯

Gilt Silver Bracelets

北魏（公元 386—534 年）
直径 6.6 厘米

1964 年河北省定县（今定州市）北魏石函出土
河北省文物考古研究院藏

银镯

Silver Bracelets

北魏（公元 386—534 年）
直径 6.6 厘米

1964 年河北省定县（今定州市）北魏石函出土
河北省文物考古研究院藏

银方棱镯

Silver Bracelets

北魏（公元 386—534 年）
直径 7.7 厘米

1964 年河北省定县（今定州市）北魏石函出土
河北省文物考古研究院藏

透雕镶嵌花蔓 飞天金饰片

Open-worked Gold Ornament with Flowers Design

东魏（公元 534—550 年）

长 10 厘米，重 36 克

1978—1979 年河北省磁县大冢营村茹茹公主墓出土

磁州窑博物馆藏

外形呈火焰状，内为透雕缠枝花卉及飞天等图案。以含苞待放的莲朵及两颗宝珠为中心，四周为枝叶繁茂的缠枝花卉，花蔓间上部透雕一莲花化生的童子，旁侧透雕一裙带飘逸的伎乐飞天，花朵、莲瓣和叶片分别以翠玉、琥珀和松石等镶嵌。器物整体雕饰华丽，工艺复杂。

金花饰片

Gold Ornament with Flower Design

东魏（公元 534—550 年）

长 2.8 厘米

1978—1979 年河北省磁县大冢营村茹茹公主墓出土

磁州窑博物馆藏

呈花朵状。上部为多瓣莲花，原应有镶嵌物。下部为镂空花蔓，
錾刻出蜷曲蓬松的花蔓纹饰。此件花饰与同墓出土的透雕镶嵌
花蔓飞天金饰片上部一角的花饰极为相似。

金带扣
Gold Belt Hook

东魏（公元 534—550 年）

长 2.2 厘米，重 4.5 克

1978—1979 年河北省磁县大冢营村茹茹公主墓出土
磁州窑博物馆藏

金簪柄
Handle of Gold Hairpin

东魏（公元 534—550 年）

长 2.9 厘米，重 1.5 克

1978—1979 年河北省磁县大冢营村茹茹公主墓出土
磁州窑博物馆藏

金扣子
Gold Button

东魏（公元 534—550 年）

长 1.3 厘米，重 1.5 克

1978—1979 年河北省磁县大冢营村茹茹公主墓出土
磁州窑博物馆藏

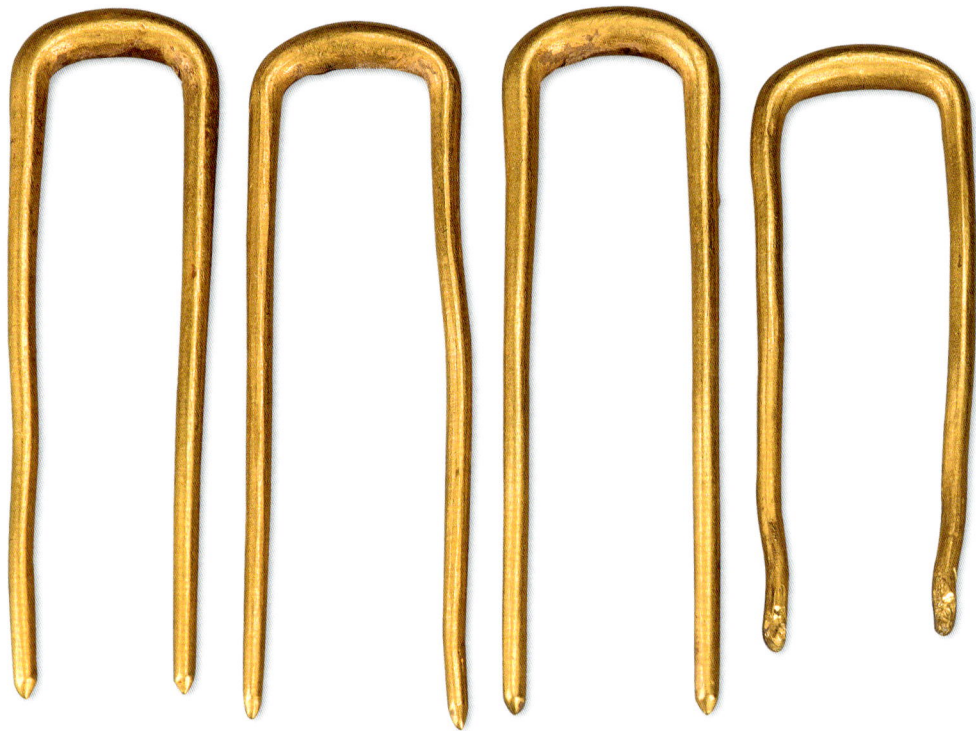

金钗

Gold Hairpins

北齐（公元 550—577 年）

长 4.9—6.6 厘米

2012 年河北省磁县南水北调双庙取土场出土

磁州窑博物馆藏

此组金发钗短小，弯折处呈圆弧状，弯曲处较粗，两股尾部较尖细。魏晋南北朝时金钗、银钗较为多见，一般钗头为半圆形。北朝时，双股发钗较为流行。

四龙金镯
Gold Bracelet with Four Dragons Pattern

北周（公元 557—581 年）
直径 6.8 厘米，宽 1 厘米，厚 0.7 厘米

陕西省咸阳机场出土
咸阳市文物保护中心藏

镯股外浑圆，内平滑，切面呈半圆形。由两个半圆形的环组成，每个半圆环上各铸两条互相缠绕的龙，两龙反向前进，身躯相互缠绕形成一体，遒劲的身躯间形成多处镂孔。龙体鳞、爪清晰可辨。两端龙首下方铸小鋬，通过小鋬用金铆钉将两个半圆环穿连，形成一体，金铆钉的两端有小圆球形帽，在金铆钉正对的两龙首之间铸有带四叶（象征火焰）的小圆珠。在一端龙首下方铸有启合的扣钩。

PART THREE
THE FUSION OF THE DIFFERENT CIVILIZATIONS

随着东西方文化和贸易交流不断扩大，大量西方金银器涌入，以粟特、萨珊、罗马-拜占庭为主的器物艺术系统对中原产生了重要影响。唐代工匠借鉴这些特色鲜明的异域器物，结合本土技艺与文化，创造出恢宏、富丽、华美的唐代金银器。

With the continuous expansion of cultural and trade exchanges between the East and the West, a large number of western gold and silver wares poured into the Central Plains, and the art system of artifacts, which was dominated by Sogdia, Sasanian Empire and the Roman Empire, exerted an important influence on the Central Plains. The craftsmen of the Tang Dynasty drew lessons from these distinctive foreign objects, combined with local skills and culture to create magnificent, luxury and colorful Tang-style gold and silver wares.

第三部分　和合

第一单元　丝路偕来

　　大量域外器物经丝绸之路流入中原。颇具异域特色的金银器逐渐流行于贵族中上阶层，同时亦开始向中下层社会普及，从而激起了国人对域外的好奇心和对异域探索的动力，加深了古代中国对远方世界的认知。

UNIT ONE

THE TREASURES OF THE SILK ROAD

Through the Silk Road, a large number of exotic artifacts flowed into the Central Plains. Gold and silver artifacts with exotic characteristics gradually became popular among the middle and upper aristocracy, and also began to spread to the lower middle class society, thus arousing the curiosity of Chinese people to explore foreign lands, and promoting the cognition of the distant world in ancient China.

波斯萨珊朝卑路斯银币

Peroz Silver Coins

公元 457—483 年

其一径 2.7—2.9 厘米，其一径 2.7—2.8 厘米

1964 年河北省定县（今定州市）北魏石函出土

河北省文物考古研究院藏

两枚。银币正面为卑路斯王半身像。面向右侧，人物面部刻画清晰。脑后发髻束起，耳下悬有耳饰，颌下胡须浓密。颈绕璎珞。王冠上饰有一凸起的雉堞形物，为祆教阿胡拉·马兹达（Ahura Mazdah）的象征，雉堞形饰上加饰一对呈振展状的翼翅，象征祆教屠龙之神末累什拉加纳（Verethraghra），常寓意战争胜利。银币背面主体图案为波斯祆教祭火坛，火焰两边分别饰有六角星和新月纹。坛体两侧各有祭司一人（或为祆教中普通僧侣Megush 和 Mobedh），相对侍立，双腿以连珠纹缀成。

列奥一世半身像金币

Gold Coin with the Bust of Leo Ⅰ

公元 457—474 年

直径 1.8 厘米，重 2.5 克

1966 年西安市雁塔区东何家村出土

西安博物院藏

东罗马皇帝列奥一世（公元 457—474 年）的金币"索里得"（Solidus）。正面是皇帝的半身像，头偏向左边，头上戴盔，盔顶饰有翎羽。脑后有两股冠缨结带翘起，冠的两侧下垂珠子，露于颊旁。身上穿铠甲，外加战袍，胸部仍露出铠甲。左手持盾，掩盖左肩。周围为罗马帝国使用的文字——拉丁文，铭文由右手处开始，依顺时针方向旋转排列，从盔顶翎羽分开，成为两节，共 13 个字母"NIVSTINVSPP UG"。背面为胜利女神像，神像正面站立，身体微扭向左侧，头戴高冠，身披长衫，背有双翼。左手持长柄十字架，十字架下侧有一颗六芒星；右手拄一竹节形权杖，周围有拉丁字母"VICTORIA""AAUGGG"。"VICTORIA"即胜利女神，"AUG"全文为 Augustus，音译为奥古斯都，意译为至圣至尊，是罗马帝国元老院于公元前 27 年奉给帝国建立者屋大维的尊号，后来各帝承袭了这个尊号。"AUGGGG"连用三个 G 字母，是表示 Augustus 的多数。最后一个字母是希腊字母，在字母表上排列在第四位，这里作为序数"第四"使用，表示为君士坦丁堡第四铸币局所铸造。全文可译为"至尊的胜利女神，第四（局）"。足下为"CONOB"，文为"CON（Stantinople）OB（signata）"，汉语意为"印铸于君士坦丁堡"。其时代相当于中国北魏文成帝至孝文帝初年时期。

狄奥多西斯二世半身像金币

Gold Coin with the Bust of Theodosius Ⅱ

公元 408—450 年

直径 1.8 厘米，重 2.6 克

1980 年西安市金属回收公司征集

西安博物院藏

金币为东罗马帝国（又称拜占庭帝国，公元 395—1453 年）皇帝君士坦丁大帝币制改革以后的金币"索里得"，金币的两面有图像和铭文。正面是东罗马皇帝狄奥多西斯二世（公元 408—450 年）的半身像，狄奥多西斯二世头部微扭向左侧，头戴战盔，冠的两侧下垂珠子，露于颊旁。身穿交领铠甲，外加战袍，盔、甲的轮廓线用连珠纹表示。右手持一标枪，扛在右肩上，枪端露于左侧鬓边。周围有一周拉丁字母为："DNTH Λ TTA" "SIVSPPAVI"。这里的拉丁文，有些是省略字，全文为"D（ominus）N（oster）TH Λ TTA" "SIVPSPP（ius）F（elix）AV"，汉语意为"我们的主上，狄奥多西斯，虔敬的幸福的至尊（皇帝）"。背面为希腊神话传说中的胜利女神像，神像背后有翅膀，右手持长柄十字架，十字架侧旁有一颗八芒星，左手置于腹下。周边有拉丁字母 "VICTORIA" "AAVGGG Λ"，足下字母为 "CONOB"，文为 "CON（Stantinople）OB（Signata）"，汉语意为"印铸于君士坦丁堡"。君士坦丁堡为东罗马帝国的首都（又名拜占庭，今土耳其最大城市伊斯坦布尔）。古罗马的皇帝与神灵同时出现在金币的正反两面，反映出皇帝与神灵的对等关系。

狄奥多西斯二世半身像金币

Gold Coin with the Bust of Theodosius II

公元 408—450 年

直径 2.1 厘米，重 3.6 克

1976 年河北省赞皇县邢郭村李希宗墓出土

正定县文物保管所藏

狄奥多西斯二世(公元 408—450 年)的金币"索里得"。正面是皇帝半身像，头部稍偏向一边。头上戴盔，盔顶饰以翎羽。脑后有冠缨结带，两股翘起，冠的两侧下垂珠子，露于颊旁。身上穿铠甲，外加战袍，胸部仍露出铠甲。右手持一标枪，扛于右肩上，枪端露于左侧襟边。左手持盾，掩盖左肩。盾面为作战图，一个骑士以矛刺敌。铭文由右手处开始，依时针旋转方向排列，以盔顶翎羽分开，成为两节，共 17 个字母，即 DNTHEODOSIVSPFAVG，即 D（ominus）N（oster），Theodosius，P（ius）F（elix）AVG（ustus），译为"我们的主上，狄奥多西斯，虔敬的幸福的至尊（皇帝）"。背面为胜利女神像，侧身向右做前行姿态。右手持长柄十字架。头部与十字架之间有一颗八芒星。脚下一组铭文，由五个字母组成：CONOB。两侧有铭文，一侧为 VOTXX，另一侧为 MVLTXXX。

查士丁一世与查士丁尼一世共治时期金币
Gold Coin with Justin Ⅰ and Justinian Ⅰ

公元 527 年
直径 1.68 厘米，重 2.49 克
1976 年河北省赞皇县邢郭村李希宗墓出土
正定县文物保管所藏

为查士丁一世（公元 518—527 年在位）与查士丁尼一世（公元 527—565 年）共治时期（公元 527 年）所铸货币。正面并列两帝的正面坐像，查士丁一世占较尊的位置，坐在右边。两帝头部背后都有背光，表示皇帝与天主及天使一样，具有神圣的圆光；右手都持有球体，表示皇帝替代上帝统治全球。两帝的头部之间有一十字架，周围的铭文由左下角开始，依时针旋转方向排列如下：DNIVSTINETIVSSTINANPPAVG。文可意译为："我们的主上，查士丁和查士丁尼，长生不死的至尊（皇帝）"。正背两面的下边都有 CONOB 铭文。背面中央为正面站立的男像，右手持长柄十字架，左手持上立十字架的球体。立像的一侧有铭文 VICTORI，另一侧为 AAVGGG∧。两侧铭文应连读。Victoria 即胜利女神，AVGGG 连用三个 G 字母，即表示 Augustus 的多数，最后一个字母是希腊字母，在字母表上排在第四位，这里作为序数"第四"来使用，表示为（君士坦丁堡）第四铸币局铸造。

查士丁一世与查士丁尼一世共治时期金币

Gold Coin with Justin Ⅰ and Justinian Ⅰ

公元 527 年

直径 1.7 厘米，重 2.6 克

1976 年河北省赞皇县邢郭村李希宗墓出土

正定县文物保管所藏

与前一枚类似，不同之处在于两帝坐于同一宝座上。

阿纳斯塔休斯一世金币
Gold Coin with Anastasius Ⅰ

公元 491—518 年

直径 1.6 厘米，厚 0.1 厘米，重 2.71 克

1978—1979 年河北省磁县大冢营村茹茹公主墓出土

磁州窑博物馆藏

正面为阿纳斯塔休斯一世（公元 491—518 年）皇帝半身像，头部戴冠并插有翎羽，脑后飘有两条略卷的绦带。身披战甲，右手持标枪扛于右肩上，枪尖露于左耳上侧。枪形细长，比较像箭。左手似持弓，冠带及盔甲均用连珠纹来表示。铭文依顺时针方向分布，被头部翎羽分为两部分，依次为DNANASTASIVSPPAVG。背面为站立的侧身带翼女神，似站在一平板上，右手持一长柄十字架，十字架上有一"×"形配件，左手自然下垂，衣服微微飘起盖于左手之上，身体左侧有一八角芒星。周边铭文似为 VICTORIAAVCCC，底部铭文为 CONOB。

查士丁一世金币
Gold Coin with Justin Ⅰ

公元 518—527 年

直径 1.8 厘米，厚 0.1 厘米，重 3.2 克

1978—1979 年河北省磁县大冢营村茹茹公主墓出土

磁州窑博物馆藏

正面为查士丁一世（公元 518—527 年）皇帝半身像，头略偏，
头部戴冠并饰有翎羽，脑后有两条飘起的飘带。身披战甲，右
手持标枪扛于右肩上，枪尖露于左耳上侧。左手似持盾护左肩。
冠带及盔甲均用连珠纹来勾画。铭文为 DNIVSTINVSPPAVG。
背面为正面站立的带翼神像，站在一平板上，右手持一长柄十
字架，左手托一立有十字架的圆球，左手下有一八角芒星。周
边铭文似为 VICTORIAAVCCCC，底部铭文为 CONOB。

查士丁尼一世金币

Gold Coin with Justinian Ⅰ

公元 527—565 年
直径 1.5 厘米，厚 0.1 厘米，重 2.61 克

河北省磁县出土
磁州窑博物馆藏

正面为查士丁尼一世（公元 527—565 年）皇帝半身像，头部戴冠并插有翎羽，皇冠两侧的珠饰垂于耳部。身披战甲，冠带及盔甲均用联珠纹来表示，胸前用波纹表示衣服的褶皱。右手持一立有十字架的圆球，铭文依顺时针方向分布，被头部翎羽分为两部分，依次为 DNIVSTINIANVSPPAVC。背面为正面站立的带翼神像，站在一平板上，右手持一长柄十字架，左手托一立有十字架的圆球，左手下有一八角芒星。周边铭文似为 VICTORIAACCC，底部铭文为 CONOB。

嵌宝石金戒指

Gold Ring with Lazurite

东魏（公元 534—550 年）

直径 2.1 厘米，重 11.6 克

1976 年河北省赞皇县邢郭村李希宗墓出土

正定县文物保管所藏

为李希宗妻崔幼姬之饰品。上镶嵌一枚青金石，呈蓝灰色，周有连珠纹。发掘报告称此枚
戒指青金石面刻有一鹿。1981 年宁夏固原史诃耽夫妻墓出土宝石印章图案与此枚戒指图案
相同。有学者认为图案应为一狮子，狮子背部有三权结果实的短枝（树状物，顶生三朵石
榴花）。狮神守护生命树这一主题源自萨珊波斯艺术。由此推断，此枚戒指属于印章类戒指，
是来自中亚的舶来品。

狩猎纹鎏金银盘
Silver Plate with Hunting Pattern

北魏（公元 386—534 年）
高 4.1 厘米，口径 18 厘米
1981 年山西省大同市南郊区小站村正始元年（504 年）封和突墓出土
山西博物院藏

主体图案为狩猎图。狩猎图中央站立的是一个伊朗脸型的中年男子，留着络腮胡须。头上似用圆形帽子罩住头发。帽子的前额有一道九颗珍珠组成的帽饰，图中仅露出左侧的一半。脑后有两道萨珊波斯式飘带，这是典型的萨珊王朝的装饰。耳挂一水滴形垂珠。颈部挂一由圆珠串成的项链。腕上戴一件由圆珠组成的手镯。腹部前面的腰带上也缀以圆珠两颗，带的两端下垂。臀后也有一对较简单的飘带。裤脚紧裹于腿上，下达踝关节。脚上所穿的靴子似乎是革制的。狩猎者两手持矛，身前身后有三头野猪活动于芦苇丛中。这种狩猎纹是波斯萨珊王朝常见的纹饰，其构图具有典型的波斯萨珊王朝艺术风格。

徽章植物纹鎏金银碗
Gilt Silver Bowl

北魏（公元 386—534 年）
高 4.8 厘米，径 10 厘米
1988 年山西省大同市出土
山西博物院藏

敞口，口沿以下微内收，圆腹，圆底。口沿下及上腹饰有小连珠纹，腹部以"阿堪突斯"（Acanthus）叶纹划成四等分，当中有一圆环，环内有一男子侧身头像，深目高鼻，长发披肩。该银碗也是来自波斯萨珊王朝的输入品，是当时丝绸之路贸易之物。

莲花纹银碗
Silver Bowl with Lotus Pattern

东魏（公元 534—550 年）
高 3.4 厘米，口径 9.2 厘米，足径 3.5 厘米，重 77.1 克
1976 年河北省赞皇县邢郭村李希宗墓出土
正定县文物保管所藏

盛食器。形似莲花。敞口，唇略微卷起。喇叭形圈足。碗壁锤揲三十二道凸起的水波纹，自底部向口部做辐射状排列，碗内中央锤成一圆台，上有一朵俏丽的莲花，花瓣肥硕丰满，瓣尖微上卷，莲花外饰连珠纹两圈，口沿处亦饰连珠纹一圈，制作精致。碗内盛满液体后，由于折光作用，自有清波荡漾之感。

錾花狩猎纹六棱金杯

Gold Cup with Hunting Pattern

唐（公元 618—907 年）

高 6.3 厘米，口径 9 厘米，底径 7.4 厘米

2004 年山西省公安厅移交

山西博物院藏

侈口，口沿微翻卷，颈部有一周圆棱，喇叭形圈足。器身和圈足均
为六瓣形。腹部錾刻有一周狩猎纹图案，骑猎人物刻画鲜明，其间
杂以花草树木，留白处均錾刻以鱼子纹。杯内中央錾刻出一对首尾
相连的摩羯纹，周边饰以水波纹，其外有一圈连珠纹。

素面银执壶

Silver Pot

唐（公元 618—907 年）

高 36.5 厘米，腹径 13.5 厘米

1984 年河北省宽城县大野鸡峪出土

河北博物院藏

细颈、短流、斜肩、鼓腹、高圈足外侈。口与腹之间原有一把手，已残缺。壶底有砂眼铆痕，形制规整。此类形制的银瓶，被称为"胡瓶"，"胡"指西域，包括今中亚和西亚地区，"胡瓶"即由西方传入的瓶。这种高圈足、带流线型把手的容器是典型的希腊、罗马风格制品。

桃形花结八瓣高脚银杯
Silver Cup with Peach Blossom Pattern

唐（公元 618—907 年）
高 3.5 厘米，口径 5.9 厘米，底径 3.1 厘米，重 57.5 克
1984 年河南省洛阳市宜阳县张坞乡出土
河南博物院藏

通体锤击成型，口沿外侈，浅腹，高柄，喇叭形圈足。器身与圈足均
由八瓣花组成，錾刻以珍珠纹为地的桃形花结及缠枝莲花，杯内无纹饰。

第二单元　兼容至臻

　　唐代社会经济繁荣、金银产量增加，使得大量使用金银制作器物成为可能。唐初金银器异域色彩显著，多借鉴中亚、西亚等国金银器制作工艺和艺术特色；唐中期以后，金银器制造进入成熟阶段，摆脱了外来器物的影响，纹样、造型等都基于本土审美进行了创新。

UNIT TWO

FUSION AND INNOVATION

　　The prosperity of economy in the Tang Dynasty and the increasing production of gold and silver, making it possible to use a large number of gold and silver to make artifacts. In the early Tang Dynasty, the exotic colors of gold and silver were remarkable, and the production process and artistic features of the gold and silver wares were mostly learned from Central Asia, West Asia and etc. After the mid-Tang Dynasty, the manufacture of gold and silver developed into a mature stage and got rid of the influence of foreign objects. The patterns and shapes were innovated based on the local aesthetics appreciation.

鎏金刻花摩羯莲叶纹银钗

Gilt Silver Hairpin with Capricorn and Lotus Leaf Pattern

唐（公元 618—907 年）

长 35.5 厘米

1952 年收购

陕西历史博物馆藏

银钗图案为镂空刻花的摩羯和莲叶纹饰。摩羯为梵语，也译作摩伽罗，是印度神话中一种长鼻利齿、鱼身鱼尾的动物，被尊为河水之精、生命之本。随着佛教传播，摩羯被传至中国，至唐代成为金银器上较为常见的装饰图案。

石榴花纹银钗

Silver Hairpin with Pomegranate Flowers Pattern

唐（公元 618—907 年）

长 17.5 厘米

1967 年陕西省西安市新城区西安通讯电缆厂出土

西安博物院藏

通体鎏金，钗杆残断，钗杆柄端花叶间结一石榴，石榴上连有两枝花叶，叶杆较长，花叶为镂空串枝花，两只云雀展翅翱翔其上，生动活泼。

鎏金银绶带形簪

Gilt Silver Hairpin with Ribbon-shaped Pattern

唐（公元 618—907 年）
其一长 24.5 厘米，宽 8.5 厘米，厚 0.1 厘米
其一长 25 厘米，宽 8 厘米，厚 0.1 厘米
2005 年河南省洛阳市龙康小区唐墓出土
洛阳博物馆藏

簪首由四条绶带相互缠绕而成，以圆珠纹衬地，绶带顶端
呈花瓣状，下部饰菱形纹及卷草纹。

金梳子
Gold Comb

唐（公元 618—907 年）
长 5.2 厘米，宽 4 厘米
2001 年河南省洛阳市公安局移交
洛阳博物馆藏

金花梳
Gold Comb

唐（公元 618—907 年）
长 6.73 厘米，宽 1.7 厘米
1989 年陕西省西安市莲湖区出土
西安博物院藏

金梳中心为木质，锯齿状，梳条大多断裂残缺，两面
贴以细金丝锤揲成的金花及枝叶纹饰，两面相同。花
瓣及枝叶均镂空。中部并列两朵梅花，两边各伸出一
株枝叶。枝叶上原镶嵌有绿松石，现大多脱落。

蔓草花金饰

Gold Ornaments in Flower-shaped

唐（公元 618—907 年）

长 5.0—7.2 厘米

1971 年陕西省西安市灞桥区郭家滩村出土

西安博物院藏

外形似一枝花叶，茎秆串联花朵与枝叶，花枝上向左方
盛开着五朵花。四个花瓣上原镶嵌宝石，现多已脱落。

鸿雁纹金饰片

Gold Ornament in Bird-shaped

唐（公元 618—907 年）
长 6.3 厘米，高 2.7 厘米

1958 年陕西省西安市东郊韩森寨出土
陕西历史博物馆藏

全片上錾刻出两只并行展翅的鸿雁，一鸿雁略回首。两鸿雁口衔
绶带，绶带飘舞至一鸿雁足下。雁身羽翼刻画清晰。唐代视鸿雁
为瑞鸟，鸿雁纹饰是唐人喜闻乐见的题材。这件金饰片应是金银
平脱器上的饰片。

云龙纹金饰片
Gold Ornament in Dragon-shaped

唐（公元 618—907 年）

长 7.4 厘米，高 3 厘米

1970 年陕西省乾县临平公社（今临平镇）出土

陕西历史博物馆藏

龙身呈"S（横向）"形，周身围绕云气纹，龙在其间飞行，表现出腾云驾雾之势。此造型还常见于玉质饰片。

金龙饰片
Gold Ornament in Dragon-shaped

唐（公元 618—907 年）

长 14.3 厘米，宽 3.5 厘米

旧藏

陕西省华阴市西岳庙文物管理处藏

第 三 部 分　和 合

錾花蚌形银盒

Silver Box in Mussel-shaped

唐（公元 618—907 年）
长 6.5 厘米，宽 5.2 厘米
河南省郑州市公安局缉私队拨交
河南博物院藏

器身为两扇，一侧以合页连接两扇，两扇可开启自如。
两面纹饰相同。蚌根錾孔雀纹，蚌身为鱼子纹地，錾
刻以柿状花结组成的团花两朵，围以石榴、忍冬花结。

鎏金雀鸟纹银香囊

Gilt Silver Perfume Pouch with Bird Pattern

唐（公元 618—907 年）

直径 5.75 厘米，链长 17.8 厘米，重 92.2 克

1987 年陕西省扶风县法门寺唐代地宫出土

法门寺博物馆藏

钣金成型，纹饰鎏金。上半球体为盖，下半球体为身，以铰链相连，子母口扣合。通体镂空，上下对称。半球体上散点分布三个圆形规范，錾有八只瑞鸟，球冠有弧形等边三角形三枚。盖顶铆接环组，上套莲蕾形环节，其上再连长链，司前控制上下球体之开合。香盂铆接于双层持平环上，香盂内底有鎏金团花一朵。香囊内有一个钵状香盂及两个平衡环，香盂与内平衡环之间用短轴铆接，内、外平衡环间也以短轴铆接，在圆球滚动时，内、外平衡环也随之转动，而香盂的重心始终不变，得以保持平衡状态。

鎏金刻花鹦鹉纹云头形银粉盒

Gilt Silver Box with Parrot Pattern in Cloud-shaped

唐（公元 618—907 年）
长 9.7 厘米，宽 6.1 厘米，高 3.4 厘米
1980 年陕西省蓝田县汤峪乡杨家沟出土
陕西历史博物馆藏

五出如意头形，子母口。盒面隆起，饰鹦鹉葡萄纹。葡萄、蔓茎、枝茎回绕整个盒面，两只鹦鹉展翅相对，盖与器口扣合紧密，上下边饰为一正一背的破式海棠花，花纹均鎏金，空白处填以细密的鱼子纹。

双鸟圆形银粉盒

Silver Round Box with Double Birds Pattern

唐（公元 618—907 年）

高 1.3 厘米，口径 3.1 厘米

1965 年陕西省西安市雁塔区曲江乡三兆村出土

西安博物院藏

子母口，通体以鱼子纹为地，錾刻花鸟纹饰，盒盖上两鸟并排而立，两鸟衔花飞行，周围花枝缠绕。

錾花鸳鸯纹金盒
Gold Box with Mandarin Ducks Pattern

唐（公元 618—907 年）

高 5.7 厘米，口径 7.8 厘米，底径 3.5 厘米

2002 年购

山西博物院藏

子母口，圈足。盒面隆起，正中为一对相互嬉戏的鸳鸯和阔叶石榴组成的
大团花。两只鸳鸯錾刻精细，羽翼纤毫毕见，一鸳鸯展翅回首，其身后另
一鸳鸯曲颈俯卧，四周衬以石榴、花叶，留白处以鱼子纹为地。盒身侧面
上下边饰为两周枝叶繁盛的忍冬纹。圈足饰一周阔叶纹饰。鸳鸯图案在唐
代的生活中非常普遍，唐代《杜阳杂编》中记的物品就有"鸳鸯钿带""鸳
鸯绮""鸳鸯锦"等，名目繁多。

"大唐"款银盒
Silver Box with Characters *Datang*

唐（公元 618—907 年）
高 9.1 厘米，直径 17.7 厘米
2002 年陕西省西安市长安区祝村乡羊村出土
西安博物院藏

子母口，有盖，盖面饰两周凸弦纹，边缘斜折，
缘壁垂直。盒体直口、直壁，口壁相接处外侧
为一浅棱台，以承盒盖，盒壁下缘内弧，平底，
底部中心为阴文楷书"大唐"二字。

银背瑞兽镜

Bronze Mirror with Silver Shell

唐（公元 618—907 年）

直径 8.6 厘米

1979 年陕西省西安市莲湖区征集

西安博物院藏

镜背贴一银壳，壳上锤揲出四瑞兽花纹。内外区用一圈窄凸棱间隔。内区宽阔，四瑞兽绕
钮做推磨式排列，四瑞兽姿态各异地攀折花枝，其中一瑞兽肋生双翼，近凸棱处一株忍冬
花缠枝蔓延至整个内区；外区在凸棱和八瓣镜缘形成的空间中饰一缠枝忍冬纹。

鸟兽纹鎏金银箔葵形铜镜

Gilt Bronze Mirror with Silver foil

唐（公元 618—907 年）

直径 5.7 厘米，缘厚 0.5 厘米

1983 年河南省洛阳市公安局九科移交

洛阳博物馆藏

镜背中部下凹，用一整块银片锤出浮雕纹饰，嵌入镜缘内，银背鎏金。
镜背中部做一高浮雕小兽为镜纽，以纽为中心，周边环绕两兽两雀，两
兽呈奔跑状，两雀停于枝头，其间以花叶枝蔓相隔，珍珠纹为地。

银灯

Silver Lamp

唐（公元 618—907 年）
高 9.19 厘米，上盘直径 5.07 厘米，下盘直径 6.53 厘米
2002 年陕西省西安市长安区祝村乡羊村出土
西安博物院藏

灯台由上下两层灯盘及座架组成。两层灯盘上小下大，灯盘敞口，浅弧壁内束，平底，两盘中部各有一圆孔，套于座架之上，两盘底孔与外缘之间饰一周细线阴弦纹。通体微泛铜黄色，局部有铜锈。

银龟盒
Tortoise-shaped Box Silver

唐（公元 618—907 年）
长 18 厘米，宽 11 厘米，高 18 厘米
1990 年山西省繁峙县金山铺乡上浪涧村窖藏出土
山西博物院藏

盒呈龟状，昂首回视，曲尾，四足内缩，龟背甲作盖，内腹、龟首及四足中空，龟背甲与龟腹由子母口套接。龟背锤出八卦图，脖子饰扭曲形突弦纹、鳞纹，腿部饰鳞甲，腹底錾刻锦纹。与法门寺唐代地宫出土银龟盒类似，为熏香器具。

大银盆

Silver Basin

唐（公元 618—907 年）
高 6 厘米，口径 29.6 厘米
1970 年陕西省西安市南郊何家村唐代窖藏出土
陕西历史博物馆藏

敞口，浅腹，平底，素面，经过抛光处理。

錾花金执壶

Gold Ewer with Chiseled Design

唐（公元 618—907 年）

最长 16.2 厘米，宽 11.55 厘米，高 21.3 厘米

陕西省咸阳市西北医疗器械厂出土

咸阳博物馆藏

圆肩鼓腹，斜壁，底内凹，长柄。短立流，圈足。莲苞纽，直口伞形盖，纽下伞盖上有一周莲瓣、缠枝花卉图案，立沿上有海波纹。纽颈有活动链与柄相连，链与柄相接处做成龟形铆钉。长柄宽扁，外侧錾刻有菱形图案，柄铆合在壶体上，立流饰有缠枝莲。从颈部至底部分为五区，依次饰有二方连续的荭草、缠枝莲、鸢鸟、卷花纹，最下方为四方连续的莲瓣图案。工艺精湛，是唐代金银器中的精品。

海狸鼠唐草纹银瓶
Silver Vase with Nutria Design

唐（公元 618—907 年）
高 12 厘米，口径 2.7 厘米，底径 3.1 厘米

河南省郑州市公安局缉私队拨交
河南博物院藏

锤击成型。侈口，细长颈，圆肩，长鼓腹，圈足。口、颈及圈足无纹饰。肩、腹部饰
葡萄卷草纹，被上下两道宽弦纹隔开。腹部錾刻一只海狸鼠蹲坐于忍冬葡萄卷草纹之
上，另有姿态各异的八只飞禽环绕四周，或立于枝头，或翔翔于空。通体以珍珠纹作地。

银杯

Silver Cup

唐（公元 618—907 年）

通高 5.94 厘米，口径 4.97 厘米，底径 2.8 厘米

2002 年陕西省西安市长安区祝村乡羊村出土

西安博物院藏

杯体圆形，侈口，上承一盖，圈足。盖面中部隆起，中心饰一
朵六瓣梅花形花饰，上有一伞帽状捉手，盖周宽缘，缘下凸起
一周倒喇叭形扣，扣于杯口沿内侧。杯体深腹内弧。

云龙纹银杯
Silver Cup with Dragon Pattern

唐（公元 618—907 年）
高 3.8 厘米，口径 6.6 厘米，底径 3.4 厘米
1978 年河南省偃师市城关乡老城村出土
洛阳博物馆藏

鼓腹，圈足。把为环形，呈叶芽状。器身为云龙纹
组合，以龙首为中心，龙身环绕，龙形之间以五朵
祥云为间隔，疏密有致，造型简朴厚重。

鎏金芝鹿纹三足银盘
Gilt Silver Plate with Tripods

唐（公元 618—907 年）
高 10 厘米，直径 50 厘米
1984 年河北省宽城县大野鸡峪出土
河北博物院藏

银质鎏金。盘沿呈六瓣菱花形，每瓣各錾花卉图案一组。盘中心凸錾一鹿，昂首站立，头顶肉芝，身饰梅花鹿斑点，短尾上翘。鹿周围有三个椭圆形凸痕，呈鼎足状排列，应为已脱落的三足部位。整体造型优美，制作精细，装饰华丽，极具盛唐风韵。

摩羯纹团花银碗

Silver Bowl with Capricorn and Flowers Pattern

唐（公元 618—907 年）

高 8 厘米，径 23 厘米

1990 年山西省繁峙县金山铺乡上浪涧村窖藏出土

山西博物院藏

敞口，深腹，外观呈仰莲形。碗身等分四曲莲瓣，每瓣正中内外平錾一折枝扁团花。碗底中心模冲摩羯纹一对，衬以水波纹，莲瓣围成圆周。碗口内上沿饰一周单向莲瓣组成的连续图案。碗外底錾刻"大彭"二字。碗外上沿錾刻有"诸道盐铁转运等使臣高骈进"十二字。

摩羯纹双层莲瓣纹鎏金盏托

Gilt Silver Saucer with Capricorn and Lotus Flowers Pattern

唐（公元 618—907 年）

通高 4.3 厘米，径 16.8 厘米

1990 年山西省繁峙县金山铺乡上浪涧村窖藏出土

山西博物院藏

平地浅托，宽平沿，五曲覆莲形圈足。平沿外形呈五边形，平沿内外沿有平行的两条突弦纹。盏外沿錾刻呈双层仰莲瓣形，里沿刻连珠纹一周。盏内底为摩羯纹，间刻水珠纹，外沿阴刻六曲莲瓣线纹。通体鎏金，托盘光素。

四曲花口银勺

Silver Spoon

唐（公元 618—907 年）

通长 30.5 厘米，勺径 7.8×6.3 厘米

陕西省西安市郊区唐墓出土

陕西历史博物馆藏

勺柄呈弯曲状，勺为四曲花瓣形，造型简约。

花瓣形凸花银盘
Silver Plate with Flowers Pattern

唐（公元 618—907 年）
高 1 厘米，口径 15.5 厘米
1972 年陕西省西安市雁塔区曲江乡西曲江池村出土
西安博物院藏

平折宽沿，浅弧腹，平底。内底一茎折成圆形的花草，其上四朵宝相花，枝头一朵绽开，花朵硕大，居于中心；另三朵花蕾含苞待放，花朵表面鎏金。

银盘

Silver Plate

唐（公元 618—907 年）
高 1.9 厘米，口径 18.1 厘米
1970 年陕西省西安市南郊何家村唐代窖藏出土
陕西历史博物馆藏

敞口，素面。共出土形制相似银盘十六个，此
为其中之一。

"七两三分"银碗

Silver Bowl with Characters Qiliangsanfen

唐（公元 618—907 年）

高 6.7 厘米，口径 15.6 厘米

1970 年陕西省西安市南郊何家村唐代窖藏出土

陕西历史博物馆藏

敞口，深腹，碗底墨书"七两三分"，当为银碗的记重。

蝶纹银碗

Silver Bowl with Butterflies Pattern

唐（公元 618—907 年）

高 5 厘米，口径 14.5 厘米，底径 4.5 厘米

1966 年陕西省西安市西北工业大学出土

西安博物院藏

敛口，斜直腹，小平底。口沿内侧饰一周宽弦纹，斜直腹部内侧
阴线刻四只蝴蝶，中间分别以一枝花朵相隔，近底处饰两周宽弦纹，
弦纹之间饰有破式海棠纹，底部饰一只展翅蝴蝶。纹饰处均鎏金。

素面银碗

Silver Bowl

唐（公元 618—907 年）
高 5.8 厘米，直径 18 厘米
2002 年陕西省西安市长安区郭杜镇新文村出土
西安博物院藏

敞口，平折沿，腹微弧，平底。通体素面，微泛铜黄色。

花叶柄三足银铛

Silver *Cheng* with Leaf-shaped Handle

唐（公元 618—907 年）
高 4.1 厘米，口径 10.5 厘米

1970 年陕西省西安市南郊何家村唐代窖藏出土
陕西历史博物馆藏

侈口，短柄，带三足，器身呈圆底碗形，单柄做叶芽状。柄上
有云曲状指垫。圆底焊接卷钩足三只，呈等腰分布。铛是一种
带柄的器物，有的带足，依用途可分为茶铛、酒铛、药铛等。

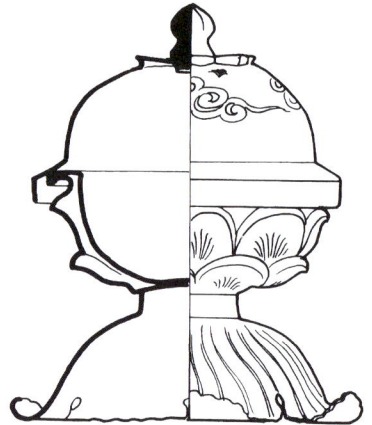

卷荷圈足银羹碗子线图

卷荷圈足银羹碗子

Silver Bowl with Lotus Leaf Pattern Foot

唐（公元 618—907 年）

通高 9.8 厘米，盖直径 7.1 厘米，碗直径 6.6 厘米，足直径 8 厘米，重 213.5 克

1987 年陕西省扶风县法门寺唐代地宫出土

法门寺博物馆藏

锤揲、錾刻成型，纹饰鎏金，由盖、碗、碗托三部分组成。盖呈半球状，有莲蕾形纽，纽座为七瓣莲花，盖面饰镂空如意云头四朵，盖沿直立。碗壁素净，平宽折沿，弧腹，圆底。碗托与圈足焊接，托外为模冲的双层仰莲瓣，圈足饰叶脉，呈卷荷叶状。

绶带纹银碗

Silver Bowl with Ribbon Pattern

唐（公元 618—907 年）
高 3.2 厘米，口径 14 厘米，底径 7.9 厘米
1991 年河南省伊川县鸦岭乡杜沟村唐齐国太夫人墓出土
洛阳博物馆藏

侈口，尖唇，弧腹，圜底，圈足。碗内底部中央为绶带纹，方格纹地。腹部被细线分为四区，间饰交错的斜方格纹。纹饰錾刻深密，外部素面无纹饰。碗内细密的花纹当为碾磨茶叶所用。

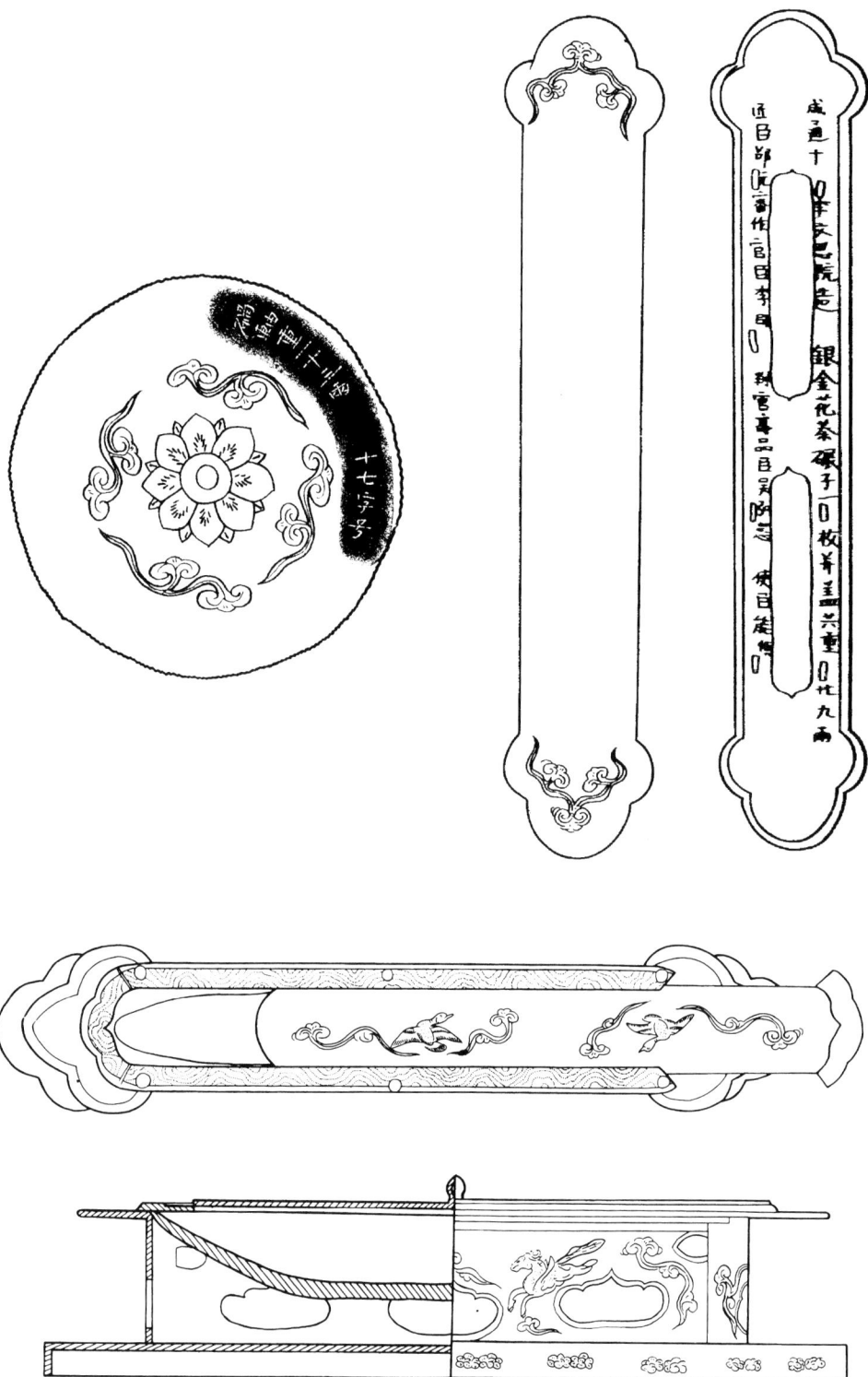

鎏金鸿雁纹银茶槽子、鎏金团花银碢轴线图

鎏金鸿雁纹银茶槽子、鎏金团花银砣轴
Silver Tea Mortar and Pestle

唐（公元 618—907 年）
银茶槽：长 25.5 厘米，宽 3.4 厘米，高 7.1 厘米
银砣轴：长 22 厘米，直径 8.9 厘米
1987 年陕西省扶风县法门寺唐代地宫出土
法门寺博物馆藏

碾茶器。茶槽锤揲錾刻成型，纹饰鎏金。通体为长方形，由碾槽、辖板、槽身、槽座四部分组成。槽呈半月弧形，口沿外折，与槽座铆接，为砣轴滚槽。辖板呈长方形，插置槽口，两端呈如意云头状，中间焊一宝珠形小提手，可以抽动开合。提手两边各錾一只鸿雁，衬以流云纹。槽身顶面两端为如意云头状，两壁有镂空壶门。壶门间錾饰两匹相向的天马，间以流云纹。槽座上承槽身，两端亦作如意云头状，周边饰二十朵扁平团花。砣轴为实体，形似铁饼，轴边有平行齿槽，用于在碾槽中粉碎团茶。轴轮两侧以轴眼为中心饰团花，团花外绕以流云纹。

咸通十年文思院造银金花茶罗子一副全共重卅二两匠臣邵元审作官臣李师存判官高品臣吴弘愨使臣能顺

十九字号

鎏金飞天仙鹤纹银茶罗子拓图

鎏金飞天仙鹤纹银茶罗子

Gilt Silver Sieve with Flying Apsaras and Cranes Pattern

唐（公元 618—907 年）

通高 9.5 厘米，身长 13.4 厘米，宽 8.4 厘米；屉长 12.7 厘米，屉宽 7.5 厘米，高 2 厘米；座长 14.9 厘米，宽 9.9 厘米，高 2 厘米

1987 年陕西省扶风县法门寺唐代地宫出土

法门寺博物馆藏

茶罗子呈长方形，由盖、罗、屉、罗架、器座组成。盖面錾饰两体首尾相对的飞天，头顶及身侧衬以流云纹。盖刹四侧各饰一和合云纹，两侧饰如意云头，刹边饰莲瓣纹，盖立沿饰流云纹。罗架两侧刻饰头束髻、着褒衣的执幡驾鹤仙人。另两侧錾相对飞翔的仙鹤，四周饰莲瓣纹。罗、屉均为匣形。罗分内外两层，中央罗网。屉面饰流云纹，有环状拉手。罗架下焊台形器座，座上有镂空的桃形壶门。

鎏金 飞鸿纹银则

Gilt Silver Spoon with Swan Goose Pattern

唐（公元 618—907 年）

长 19.2 厘米，匙长 4.5 厘米，宽 2.6 厘米，柄宽 0.7—1.3 厘米，重 44.5 克

1987 年陕西省扶风县法门寺唐代地宫出土

法门寺博物馆藏

为煎茶时投茶末所用的量具。则面呈卵形，匙柄扁长，上宽下窄，柄端做三角形，上下部位錾花。上端为流云飞鸿，下端为连珠菱形图案，其间錾十字花，均以弦纹和破式菱形纹为栏界。柄背光素。

银錾花口盏

Silver Cup with Flower Pattern

唐（公元 618—907 年）
纵 10 厘米，宽 14.7 厘米，重 122.2 克
1985 年河南省三门峡市第二面粉厂出土
河南博物院藏

锤击成型，花纹平錾，纹饰涂金。通体呈海棠形，口微敞，斜腹。盏内两
突棱连接于四角，双鱼环绕莲蓬嬉戏于盏底，水波纹地。左右两侧对称，
为两只鸣雁翱翔飞舞于卷草纹之中，鱼子纹地。边部饰火焰纹，器外无
纹饰。盏，古人用于饮酒或是饮茶的饮食器具。

莲瓣形茶托

Silver Saucer with Lotus Pattern

唐（公元 618—907 年）

高 3.1 厘米，直径 17.1 厘米

1958 年陕西省耀县（今铜川市耀州区）柳林背阴村窖藏出土

陕西历史博物馆藏

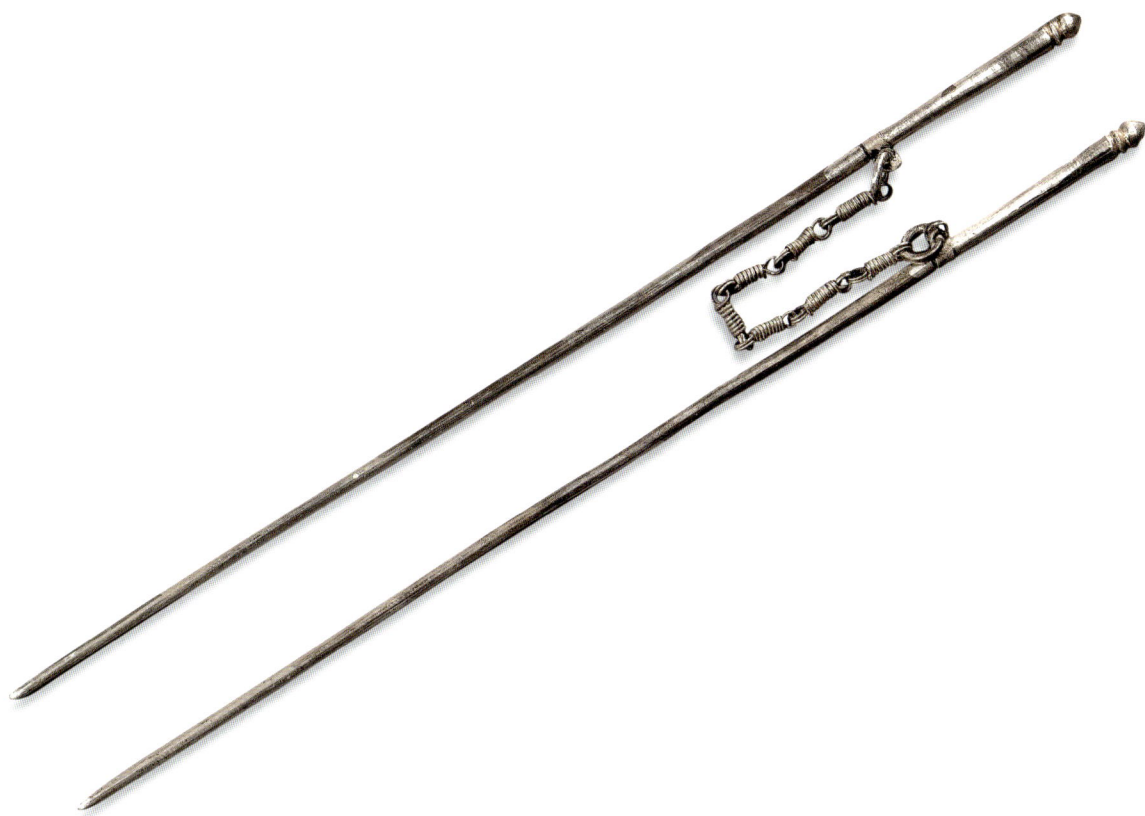

系链银火箸

Silver Fire Pliers with Chain

唐（公元 618—907 年）
长 27.6 厘米，重 76.5 克

1987 年陕西省扶风县法门寺唐代地宫出土
法门寺博物馆藏

系煎茶煮汤时用来夹拨风炉木炭的火夹。锤揲成型，上
粗下细，通体光素。顶端呈宝珠形，其下有凹槽，环鼻
套嵌其中，与另一箸相连，链为银丝编成。

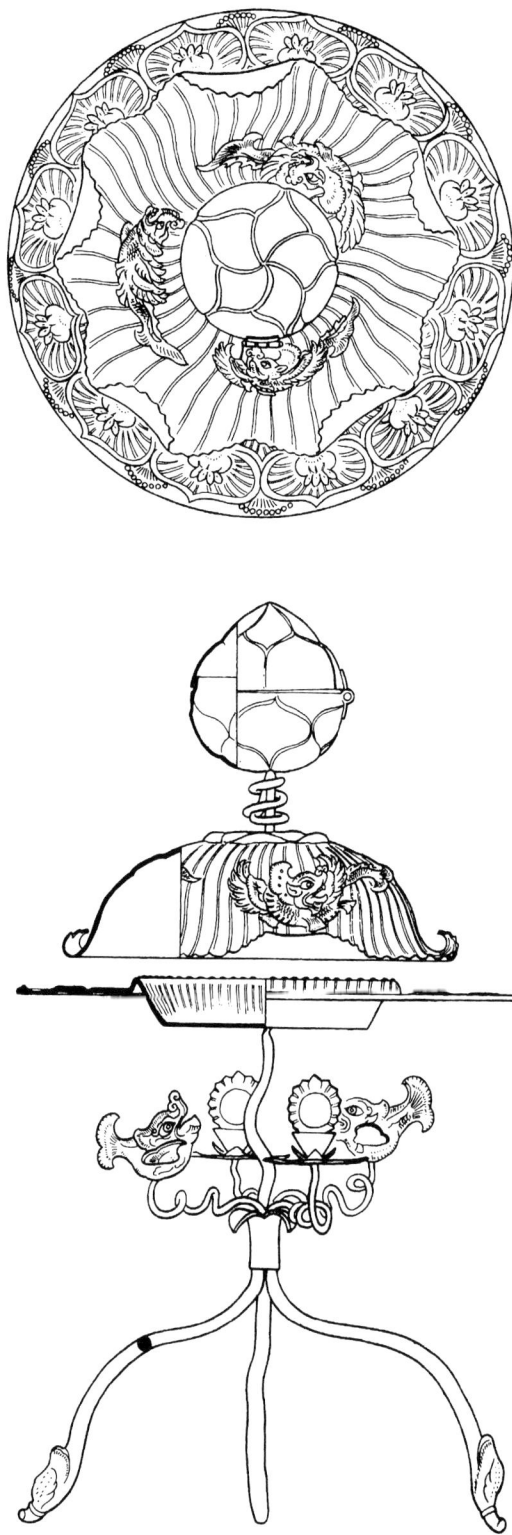

鎏金曜鹅鱼三足架银盐台线图

鎏金摩羯鱼三足架银盐台

Gilt Silver Tripod Salt Plate with Capricorn Pattern

唐（公元 618—907 年）

通高 27.9 厘米，台面直径 16.1 厘米，重 564 克

1987 年陕西省扶风县法门寺唐代地宫出土

法门寺博物馆藏

盐台由盖、台盘、三足架等组成。盖上有莲蕾捉手，中空，分作上下两半，有铰链，可开合，以银箸焊接，与盖相连。盖呈覆置的荷叶状，盖面錾刻蕉叶，底缘上卷，盖心饰团花一朵，盖面饰摩羯四尾。台盘宽平沿，浅腹，平底。三足支架与台盘焊接相连，支架以银箸盘曲而成，架中部斜出四枝，枝端分别接出两尾摩羯鱼和两颗莲蓬宝珠，宝珠四周有火焰纹。

提梁银罐

Silver Pot with Handle

唐（公元 618—907 年）

高 10 厘米，口径 8.4 厘米

1991 年河南省伊川县鸦岭乡杜沟村唐齐国太夫人墓出土

河南博物院藏

锤击、焊接成型。敛口，鼓腹，圆底。通体由两片银片焊接而成，腹部有明显接缝，并用银铆钉铆接。铆钉做六瓣花形，拼接处铆钉二十二枚。上腹铆钉为两竖行，每行三枚。竖行铆钉右侧各有一条刻槽，缝隙或是仿银片焊接。双耳铆接于口沿外侧，与提梁相勾连，梁首做 S 形。

提梁带盖银锅

Silver Pot with Cover and Handle

唐（公元 618—907 年）
通高 14 厘米，口径 21.5 厘米，盖径 18.9 厘米
1991 年河南省伊川县鸦岭乡杜沟村唐齐国太夫人墓出土
河南博物院藏

锤击、焊接成型，通体光素。敞口，宽折沿，腹微鼓，圜底，略平。
双耳立于折沿上，与提梁勾连。一耳为银丝，一耳为银片，提梁为
扁银片制成，呈 S 形。盖周围高隆，中部平坦，盖中心铆有宝珠形纽。

鎏金带座银大日如来线图

鎏金带座银大日如来

Gilt Silver Bodhisattva with Lotus Throne

唐（公元 618—907 年）

通高 15 厘米，座高 4.5 厘米，重 651.7 克

1987 年陕西省扶风县法门寺唐代地宫出土

法门寺博物馆藏

模铸錾刻成型。头戴花蔓宝冠，宝缯垂肩，上身袒露，左肩至右肋斜披帛巾，臂、腕戴钏饰，胸佩戴璎珞，双手施印，下着羊肠大裙，后有背光，结跏趺坐于莲花台座之上。

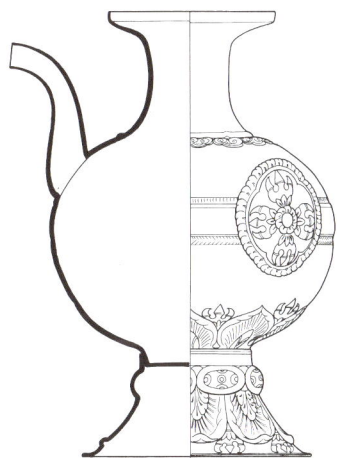

鎏金羯摩三钴杵纹银阏伽瓶线图

鎏金羯摩三钴杵纹银阏伽瓶
Gilt Silver Vase with Capricorn and Vajra Pattern

唐（公元 618—907 年）

通高 19.8 厘米，流长 7 厘米，口径 7.6 厘米，底径 10.9 厘米，腹径 13.2 厘米，流口径 1 厘米，重 643.5 克

1987 年陕西省扶风县法门寺唐代地宫出土

法门寺博物馆藏

盘口，细颈，圆腹，圈足，颈底饰如意云头纹。肩部焊接长度约 7 厘米的流，腹部錾饰 4 个简化莲瓣纹围成的四曲规范圆形，其内錾十字三钴金刚杵纹，圆范之间以二重弦纹连接，腹下部錾一周八瓣仰莲，莲瓣间饰立三钴金刚杵。圈足呈喇叭形，与腹底焊接，上沿凸出一周椭圆形棱，棱上錾饰蒂状双环纹，棱沿之下为一周覆莲瓣，莲瓣间倒置三钴金刚杵。圈足底沿外翻，沿面饰一周水波纹。共出土四件，四瓶均为晚唐密教大师智能轮施，圈足内分别墨书"东""南""西""北"，表明阏伽瓶在地宫分别放置于东北、东南、西南、西北四角。

願生生值佛世世聞經
合家大小同生佛會
法界衆生同此福

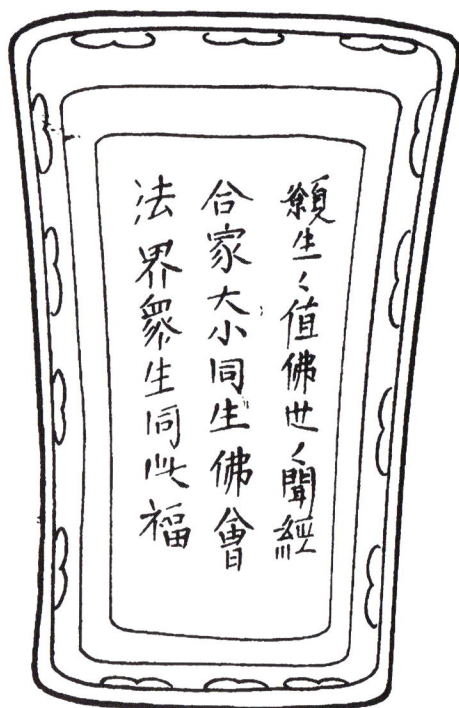

鎏金迦陵频伽纹壶门座银棺线图

鎏金迦陵频伽纹壶门座银棺

Gilt Silver Sarira Coffin with Kalavinka Pattern

唐（公元 618—907 年）

长 8.2 厘米，前档宽 5.4 厘米，后档宽 4.2 厘米，高 6.4 厘米，重 168 克

1987 年陕西省扶风县法门寺唐代地宫出土

法门寺博物馆藏

钣金成型，纹饰鎏金。棺盖为半弧形，前宽后窄，前檐出檐较多。棺体前高宽，后矮窄，两侧壁各錾迦陵频伽鸟两体，前档錾刻一佛二弟子，后档素面。棺体下有二层台座，上层台座四周錾出一圈仰莲瓣，下层四周镂空成壶门。棺底錾刻："愿生生值佛　世世闻经　合家大小　同生佛会　法界众生同此福。"银棺内安放第四枚佛指舍利。

智慧轮盝顶纯金宝函

Gold Casket with Tent-shaped

唐（公元 618—907 年）

长 14.5 厘米，宽 10.5 厘米，高 13.5 厘米

1987 年陕西省扶风县法门寺唐代地宫出土

法门寺博物馆藏

宝函呈长方形，盝顶，素面。司前、铰链齐全。宝函正面錾刻：
"敬造金函，盛佛真身。上资皇帝，圣祚无疆，国安人泰，雨顺
风调，法界有情，同沾利乐。咸通十二年闰八月十日，传大教三
藏僧智慧轮记。"

如意长柄银手炉

Silver Stove with Handle

唐（公元 618—907 年）

通长 44 厘米，高 8.6 厘米，炉口外径 11 厘米，重 415.5 克

1987 年陕西省扶风县法门寺唐代地宫出土

法门寺博物馆藏

炉呈高圈足杯状，卷沿，束腰，深腹。柄为如意云头曲折状，柄下錾铭五十五字："成通十三年文思院造银白成手炉一枚并香宝子，共重十二两五钱。打造都知臣武敬容、判官高品臣刘虔诣、副使高品臣高师厚、使臣弘悫。"

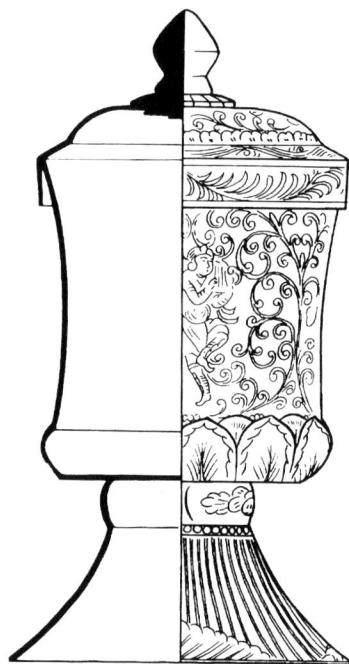

鎏金技乐纹银香宝子线图

鎏金伎乐纹银香宝子
Gilt Silver Incense Burner

唐（公元 618—907 年）
通高 10.2 厘米，口径 5.75 厘米
1987 年陕西省扶风县法门寺唐代地宫出土
法门寺博物馆藏

带盖，直口，深腹，平底，圈足。盖作立沿，沿面饰一周二方连续的蔓草，盖面高隆，边沿
錾水波与莲瓣纹，中心为宝珠形纽，下衬一周莲瓣。纽座四周錾两只鸳鸯和一只飞禽，填以
蔓草。腹壁呈内弧形，口沿饰一周蔓草。腹壁刻吹箫、舞蹈的伎乐，并衬以蔓草，底部饰一
周莲瓣，喇叭形圈足，上部有圆箍棱，棱上面饰四出扁团花，下部錾上卷莲叶，叶脉清晰。

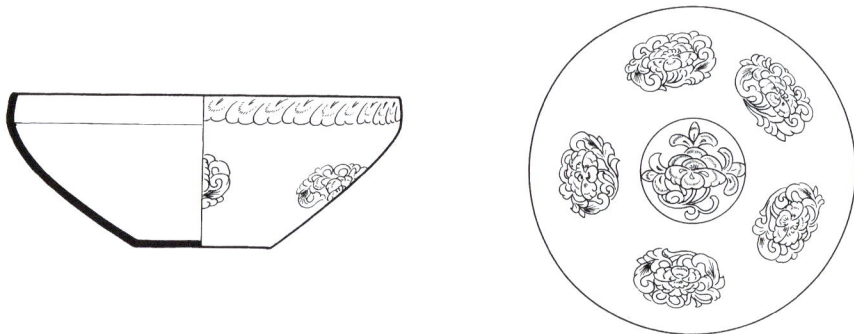

鎏金团花小银钵盂线图

鎏金团花小银钵盂
Silver Alms Bowl

唐（公元 618—907 年）

通高 3.3 厘米，口径 9.1 厘米，重 110 克

1987 年陕西省扶风县法门寺唐代地宫出土

法门寺博物馆藏

钣金成型，纹饰平錾鎏金。直口，圆唇，斜腹下收，
小平底。口沿饰莲瓣纹，钵盂外底錾饰阔叶团花
一朵，外壁散点分布扁团花五朵。

单轮十二环纯金锡杖

Gold Buddhist Monk's Staff

唐（公元 618—907 年）

高 27.8 厘米，轮径 5.8 厘米，环径 2.2 厘米，
仗杆长 25 厘米，重 211 克

1987 年陕西省扶风县法门寺唐代地宫出土

法门寺博物馆藏

通体以纯金锻制。杖杆为圆柱形，顶部为桃轮形杖
首，杖杆顶端有莲座，其上佛像结跏趺坐，有背光
和头光。杖首顶部承托智慧珠，两股轮辐上各套置
六环。依《锡杖经》所记，应为迦叶佛所持之物。

鎏金坐佛纹云头银如意

Gilt Silver *Ruyi* with Seated Buddha Pattern

唐（公元 618—907 年）

长 50 厘米，云头宽 16 厘米，柄宽 2.3—2.9 厘米，重 762.5 克

1987 年陕西省扶风县法门寺唐代地宫出土

法门寺博物馆藏

钣金成型。柄做扁长条形，素面。头部呈如意云头状，鎏金，正中錾刻一佛像，结跏趺坐于仰莲座之上。佛两侧各有一供养童子，或合十或捧盘，其下有莲瓣团花。

鎏金羯摩三钴杵纹银臂钏线图

鎏金羯摩三钴杵纹银臂钏
Gilt Silver Armlet with Capricorn and Vajra Pattern

唐（公元 618—907 年）

外径 10.8 厘米，环宽 1.97 厘米，钏面直径 4.6—5.3 厘米，
钏面高 2.8 厘米，重 217 克

1987 年陕西省扶风县法门寺唐代地宫出土

法门寺博物馆藏

锤揲成型，纹饰鎏金。钏面呈椭圆形，顶面錾饰十字形摩羯金刚杵，
外缘饰一周莲瓣，底饰一周流云纹。臂钏截面三折，外壁錾金刚杵，
衬以蔓草，内壁光素。

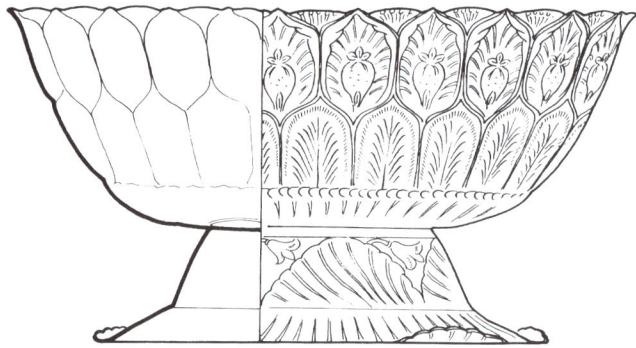

鎏金仰莲瓣圈足银碗

Gilt Silver Bowl with Lotus Pattern

唐（公元 618—907 年）

通高 8 厘米，口径 16 厘米，足径 11.2 厘米，重 223 克

1987 年陕西省扶风县法门寺唐代地宫出土

法门寺博物馆藏

花瓣式敞口，腹壁内收，荷叶形圈足。外壁饰两周莲瓣，内錾花蕾及叶脉纹，圈
足外侧錾刻荷叶及叶脉纹，部分纹饰鎏金。碗壁以错置排列的莲瓣组成，并以莲
瓣相间的自然起伏形成花式口沿，底下更以翻卷的荷叶做成圈足，使整器造型犹
如一朵怒放的莲花，形象别致，清新可爱。银碗外底刻有"衙内都虞侯兼押衙监
察御史安淑布施，永为供奉"二十字铭文，是当时官员为迎送佛指舍利而供奉的
器物。

中央和地方高级官僚在法定的赋税和各地的常贡之外，向皇帝的额外贡献，称为"进献"或"贡奉"。进奉的物品种类繁多，其中金银占很大数量。唐代各级官员向皇帝进奉金银器主要是为了邀恩取宠、晋升官位。早在高宗和武则天时期，就已出现了官员进奉金银器的现象。

鎏金双狮纹菱弧形圈足银盒纹样图及铭文

鎏金双狮纹菱弧形圈足银盒
Gilt Silver Box with Double Lions Pattern

唐（公元 618—907 年）

长 17.3 厘米，宽 16.8 厘米，足高 2.4 厘米，通高 11.2 厘米，重 799 克

1987 年陕西省扶风县法门寺唐代地宫出土

法门寺博物馆藏

钣金成型，纹饰鎏金。盒体呈菱弧形，直壁，浅腹，平底，圈足。盒盖、盒身形制相同，上下对称，以子母口扣合。盖面高隆，边缘饰一周莲瓣纹，盖面以连珠组成一个委角菱形布局，其内錾刻两只腾跃的狮子，四周衬以西番莲和缠枝蔓草，施鱼子纹地。圈足呈喇叭形，与盒底焊接。盒盖内底墨书"内库"两字。圈足外底錾刻四行文字，共三十三字："进奉　延庆节金花陆寸方盒壹具重贰拾两　江南西道都团练观察处置等使臣李　进。"

"姚州贡金拾两"金铤
Gold Ding with Characters Yaozhougongjinshiliang

唐（公元618—907年）
长14.2厘米，宽2.4厘米
1999年陕西省西安市西七路西安中学出土
西安博物院藏

上铸楷体铭文"姚州贡金拾两"。姚州，唐属剑南道管辖，相当
于今云南省中西部的大理、楚雄、昆明等地区，州治在今云南姚
安县城北。

"岭南道"进贡银铤

Silver Ding with Characters Lingnandao

唐（公元 618—907 年）

长 27.7 厘米，宽 6.5 厘米

1989 年陕西省西安市文物管理委员会征集

西安博物院藏

正面楷书"阿达忽□频陀沙等、纳死波斯伊婆郝银壹铤、伍拾两官秤，银青光禄大夫、使持节、都督广州诸军事、广州刺史兼御史大夫、充岭南节度、支度、营田五府经略观察处置等副大使、知节度事、上柱国、南阳县开国子、臣张伯义进""岭南监军市舶使、朝散大夫、行内侍省内给事、员外置同正员、上柱国、赐紫金鱼袋、臣刘楚江进"铭文。

银开元通宝
Silver Coin with Characters *Kaiyuantongbao*

唐（公元 618—907 年）

直径 2.5 厘米

1970 年陕西省西安市南郊何家村唐代窖藏出土

陕西历史博物馆藏

钱为圆形方孔，正面隶书"开元通宝"四字。背面光素无纹。字迹清晰，制作规整，是仿照铜"开元通宝"制作的，无明显的人工使用痕迹，应当主要用于宫廷赏赐、吉庆活动。

鎏金刻花银锁

Gilt Silver Lock with Engraved Designs

唐（公元 618—907 年）

通长 11.1 厘米

1970 年陕西省西安市南郊何家村唐代窖藏出土

陕西历史博物馆藏

分锁体和钥匙两部分，浇铸锤打成型，錾刻纹饰，
通体饰菱形花纹。纹饰考究。

PART FOUR
SUBSEQUENT DEVELOPMENT

宋代金银器较唐代器形小巧剔透，更为写实，金银器制作业的私营性质逐渐增强，生活化、商品化是宋代金银器的主要特点。辽代早期的金银器深受唐代影响，中后期则更多融合宋文化元素。宋辽佛寺地宫中出土了大量礼佛金银器，表达了民众对于和平、安康的祈愿。

Compared with the Tang Dynasty, the gold and silver wares of the Song Dynasty were more realistic and compact.The private nature of gold and silver wares manufacturing industry gradually increased. Commercialization is the main characteristics of the Song's gold and silver wares.In the early Liao Dynasty, the gold and silver wares were deeply influenced by the Tang's style, more elements of Song's culture were integrated in the middle and late Liao Dynasty. A large number of Buddhist gold and silver artifacts were unearthed in the dungeons of Buddhist temples in Song and Liao, expressing the people's prayers for peace and well-being.

第四部分　余绪

第一单元　流风遗韵

在宋代，地方及私人作坊成为制造金银器的主流。金银器的商品化、平民化倾向明显，其装饰风格精细华丽、素雅简洁。辽代早期金银器受唐风影响显著，辽人结合本民族习性，创造出风格独特的金银器制品，中后期则多受宋代影响。

UNIT ONE

CUSTOMS LEFT BY PRECEDING GENERATION

During the Song Dynasty, local and private workshops became the mainstream of gold and silver wares manufacturing. The commercialization and popularization of gold and silver wares were obvious, the wares' style were ornate, simple and elegant. In the early Liao Dynasty, the gold and silver wares showed obvious Tang's style and combined with Khitan habits, the unique style of gold and silver wares was created gradually. In the middle and late stage of Liao Dynasty, it was mostly influenced by the Song's style.

錾花葵花口金盏

Gold Cup with Malva Pattern

宋（公元 960—1279 年）
高 9.6 厘米，口径 4 厘米
2008 年山西省怀仁县城东关旧城改造出土
山西博物院藏

六瓣葵形口，弧腹，喇叭口形高圈足。盏体被 S 形间隔
分成六瓣，每瓣依次叠压。在每瓣边缘的几何形宽带内，
装饰有多种缠枝花，底内中心饰一朵六瓣团花，花瓣尖弧。
中心有花蕊，蕊顶又有一小圆蕊，周边有五瓣，瓣上刻
画叶脉纹。蕊下腹底有六片弧形花，每瓣内同样刻画叶
脉纹。圈足外饰一道枝叶纹。

葵花纹银盘

Silver Plate with Malva Pattern

宋（公元960—1279年）

高1.3厘米，口径18厘米，重154.6克

1990年河南省洛阳市邙山宋墓出土

河南博物院藏

葵口，宽平沿稍上卷，圆唇，斜弧腹，平底。沿面饰如意
花纹，内底中部饰两株折枝花，其外周饰两匝弦纹边带，
上涂金。盘沿背面竖刻"行宫公用葵花盘式面共重捌两"
十三字。此形制银盘当属于宋代酒具中的果盘——劝盘，
《三朝北盟会编》卷二四九载："以金瓶御酒，劝盘果木
脯醢之属皆浑金器。"

银杯
Silver Cup

宋（公元 960—1279 年）
高 4.7 厘米，口径 7.5 厘米

1990 年河南省洛阳市龙泉新村铁路医院工地出土
河南博物院藏

银瓶
Silver Bottle

宋（公元 960—1279 年）
高 20.9 厘米，口径 3.6 厘米

1990 年河南省洛阳市龙泉新村铁路医院工地出土
河南博物院藏

瓶体小敛口，直颈，圆肩，腹部斜收，平底，矮
圈足。肩腹部饰蝉纹，上下端各饰一条弦纹为界。
同出土银杯纹饰相同。此种银质梅瓶于江苏南京
张同之夫妇墓、四川彭州宋代金银器窖藏中均有
出土，纹饰略有区别，当为宋代比较常见的实用
酒器之一。

带佛像"淳化元宝"金币

Gold Coins with Buddha Statues and Characters *Chunhuayuanbao*

北宋（公元 960—1127 年）

直径 2.3—2.4 厘米

中国历史博物馆拨交

河北博物院藏

淳化元宝，是宋太宗改元淳化年（公元 990—994 年）后铸制最早的"御书钱"。币正面为宋太宗行书"淳化元宝"，旋读，穿孔背面铸刻两尊浮雕佛像，均有莲花宝座和祥云依托。左边站像为文殊菩萨，右边结跏趺坐为大日如来佛。两尊佛像眼、鼻、口为铸后镂刻，神态逼真，栩栩如生。此组带佛像金币，为北宋皇室供养五台山佛寺特制的金质布施供养钱。

锤揲银覆面
Silver Mask

辽（公元 907—1125 年）

长 21.9 厘米，宽 21.7 厘米

征集

河北省文物考古研究院藏

此面具为男性面具，脸型饱满，面部轮廓清晰，眉
骨突出，双目闭合，鼻梁狭长，抿唇，神态安详。
耳下及鬓两侧有孔，可系结。辽代契丹贵族死葬后，
面部往往覆罩一件面具样的金属片，躯体则用锦彩
络缠或用银铜丝网络络住，以为饰终之仪。

錾花凤鸟纹金靴

Gold Boots with Phoenixes Pattern

辽（公元 907—1125 年）

高 10 厘米，底长 9 厘米，重 110.81 克

2002 年购

山西博物院藏

仿照实物制成。靴靿、靴面、靴底三部分各自
打制成型后，由金丝连缀而成。靴靿前高后低，
靴面前部略尖，靴底细长，前宽后窄。靴靿两
侧各錾刻有展翅飞翔的双凤，靴面两侧也錾刻
有长尾凤，周围饰卷云纹，精致华丽。

契丹文"敕宜速"金牌、银牌

Gold and Silver Tablets with Khitan Characters

辽（公元 907—1125 年）
金牌长 21 厘米，宽 6 厘米，重 475 克
银牌长 20.9 厘米，宽 6.1 厘米，重 383 克
河北省承德县八家公社（今八家乡）深水涧榻木沟老阳坡出土
河北博物院藏

两件符牌规格、尺寸、形制相同。上端均有圆形穿孔，牌面上各阴刻三个契丹小字。专家考释为"敕宜速"。《辽史·仪卫志》记载，银牌"长尺，刻以国字，文曰宜速，又曰敕走马牌。国有重事，皇帝以牌亲授使者，手札给驿马若干"。可见，此金、银牌代表皇权行事，是皇权的象征和凭信。

仙人骑鹤金耳坠

Gold Earrings in Shape of Immortal Riding Crane

辽（公元 907—1125 年）
长 2.7 厘米，宽 2.7 厘米，厚 0.6 厘米
河北省平泉市杨树岭镇孙家沟村大耳地辽墓出土
平泉市博物馆藏

两件耳坠均作仙人骑坐于仙鹤身状，人物面部刻画清晰，高
鼻、大耳，头戴高冠，手中似捧有一物抵于鹤首后部。仙人
身后为一芭蕉叶形背光，连接耳环挂钩。仙人身下仙鹤，长喙，
曲颈，全身刻画细密羽毛，双翅展开呈飞翔状，腹下有一环
形挂钩，当另有缀物。道教认为鹤是仙人的化身，称道士"仙
风鹤骨"，道士行走为"云行鹤游"，道士的服装为"鹤氅"。
鹤还是仙人的坐骑，《云笈七签》记载张道陵常坐乘仙鹤往
来人间。

鎏金连珠纹银耳坠

Gilt Silver Earrings with Beaded Pattern

辽（公元 907—1125 年）

长 3 厘米，宽 2.6 厘米，厚 1.1 厘米，重 22.1 克

1984 年河北省承德县五道河乡十道河村道北沟出土

承德县博物馆藏

整体呈 U 形，中部有脊，三条边缘有焊接金丝或银丝拧成的螺纹装饰，上接 U 形钩。耳坠一侧饰蘑菇形帽。此对耳环是辽代流行的摩羯形耳环的变形，仅具摩羯之形，为抽象或变形摩羯耳环，而无摩羯各部位的细节，这种形制的耳环多见于辽代早期。

摩羯形银耳饰

Silver Earrings with Capricorn Pattern

辽（公元 907—1125 年）

长 3.65 厘米，宽 2.9 厘米，厚 0.8 厘米

河北省平泉市小寺沟镇苏子沟村出土

平泉市博物馆藏

做摩羯形，中空，为两片合成。鱼尾高翘，口衔莲花。摩羯身上尾、鳍、鳞俱备。辽代耳环中，摩羯形耳环最具特色。

金银曜烁　美熠四方

梅花形金银头簪

Silver Hairpin with Gold Plum Blossom Pattern

辽（公元 907—1125 年）

长 11.6 厘米

征集

定州博物馆藏

鸟头银簪

Silver Hairpin with Bird Pattern

辽（公元 907—1125 年）

长 12.1 厘米

征集

定州博物馆藏

錾花蝶纹金钗

Gold Hairpin with Butterfly Pattern

辽（公元 907—1125 年）

长 20.5 厘米

1988 年河北省定州市韩家庄村民交献

定州博物馆藏

錾鸟纹金钗

Gold Hairpin with Bird Pattern

辽（公元 907—1125 年）

长 17 厘米

1962 年河北省定县（今定州市）信托门市交献

定州博物馆藏

金凤首银铤簪

Silver Hairpin with Gold Phoenix Pattern

辽（公元 907—1125 年）
长 14.5 厘米

1962 年河北省定县（今定州市）信托门市交献
定州博物馆藏

牡丹纹金银簪

Silver Hairpin with Gold Peony Pattern

辽（公元 907—1125 年）
长 11.5 厘米

征集
定州博物馆藏

鎏金银手镯
Gilt Silver Bracelet

辽（公元 907—1125 年）
长 21.1 厘米，宽 1.9 厘米，厚 0.4 厘米
河北省平泉市台头山乡小吉沟辽墓出土
平泉市博物馆藏

为扁条形，两端窄，中间宽，边缘起棱，镯面錾刻
出一周雀跃花枝的图案。镯两端开口，两兽首相对。

錾凤纹银碗
Silver Bowl with Phoenixes Pattern

辽（公元 907—1125 年）
高 4.8 厘米，口径 9.9 厘米，底径 4.25 厘米，壁厚 0.1 厘米
河北省承德市小寺沟镇苏子沟村出土
平泉市博物馆藏

侈口，圆底。碗身为五曲，每曲均刻有一昂首鸣凤，凤首挺立，有冠，
羽翎细密，呈飞跃回首姿态。碗内底部刻有两尾游鱼。

錾花银碗

Silver Bowl with Flowers Pattern

辽（公元 907—1125 年）

高 2.7 厘米，口径 7.6 厘米，底径 3.7 厘米，
壁厚 0.1 厘米

河北省承德市台头山乡小吉沟辽墓出土
平泉市博物馆藏

侈口，弧腹，圜底，碗腹外压印一周八瓣宝相
花纹，内底有六瓣花纹，原应焊接有圈足。

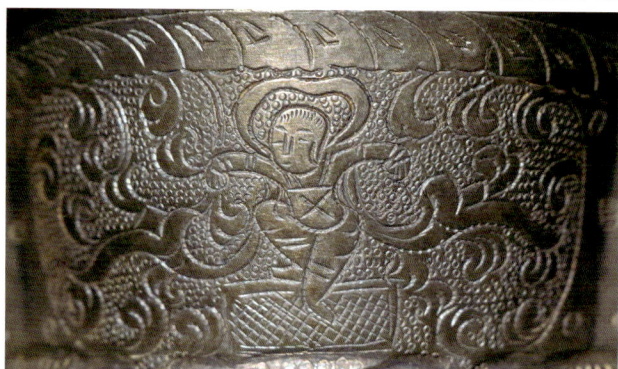

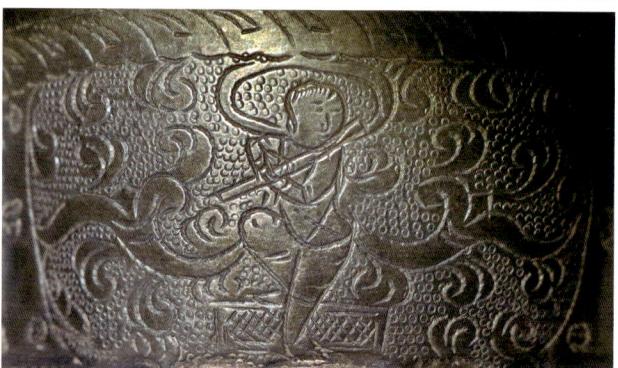

乐伎花形银杯

Silver Cup with Musicians Pattern

辽（公元 907—1125 年）
高 6 厘米，口径 9 厘米，底径 4.5 厘米
1987 年河北省定州市电影院出土
定州博物馆藏

侈口，圈足，碗身分为五曲。碗外壁按图案分为两层。
上层鱼子纹为地，每曲刻画一伎乐图案，人物眉眼清晰，
身披披帛，一做舞蹈状，其余则分别演奏箫、觱篥、横笛、
笙，周围环绕卷云纹。下层为蕉叶纹。圈足周饰三叶草
纹饰，足边上卷。碗底中央为一对摩羯纹，富于动感。

伎乐仙人银盒

Silver Box with Immortals Pattern

辽（公元 907—1125 年）

高 8 厘米

河北省宁城县出土

河北博物院藏

呈立方体。盝顶形盖上錾刻宝相花纹，周边四面分别以三朵祥云塑造成花枝状。盒身四面分别錾刻两伎乐仙人，仙人脚踩祥云，头带背光。器物整体朴素大方。

摩羯纹银托盏
Silver Saucer with Capricorns Pattern

辽（公元 907—1125 年）
高 4.5 厘米，口径 17 厘米，底径 11 厘米
1987 年河北省定州市电影院出土
定州博物馆藏

敞口，浅腹，圈足，五曲。托盏中心放置杯盏处錾刻一对首尾相合的摩羯纹，周边一圈蕉叶纹，器足呈喇叭形。

船形银锭
Silver Ingot

辽（公元 907—1125 年）
纵 14 厘米，横 9.2 厘米
1987 年河北省定州市电影院出土
定州博物馆藏

银锭形状如船。下部呈板状，弧腰，两头向上起翼状，由于体积较大，携带、存放不便，将两端之翼敲扁内折。此类型银锭多见于唐晚期，至宋时仍有使用。

大北城窖藏

大北城，位于易县县城东南约 10 千米。1986 年的一个午后，村民曹密在整理土地时，意外发现了一罐窖藏。窖藏内保存有 400 多件金银器、玉器、琥珀及水晶制品。

大北城村，属易县高陌乡，北邻易水河，东靠京昆高速，距北京 110 千米。易县古代为宋辽边境地区，初属北宋，雍熙四年（公元 987 年）陷于契丹，直到宣和四年（公元 1122 年）才重新归北宋。金天会三年（公元 1125 年），金军南下，占领该地区。

金箔
Gold Foils

辽（公元 907—1125 年）

长 14.5 厘米，宽 7 厘米

河北省易县大北城窖藏出土

易县文物保管所藏

呈椭圆形，大小一致，部分带有戳记和墨书花押。此种金箔亦称箔金，当属货币的一种，易于分割，便于携带。洪迈《夷坚乙志·侠妇人》记述绍兴十年（公元 1140 年）董国庆自北方金地返南方，"取袍示家人，俾缝绽处，黄色隐然，拆视之，满中皆箔金也"。缝于衣物中的箔金即为这种金箔。

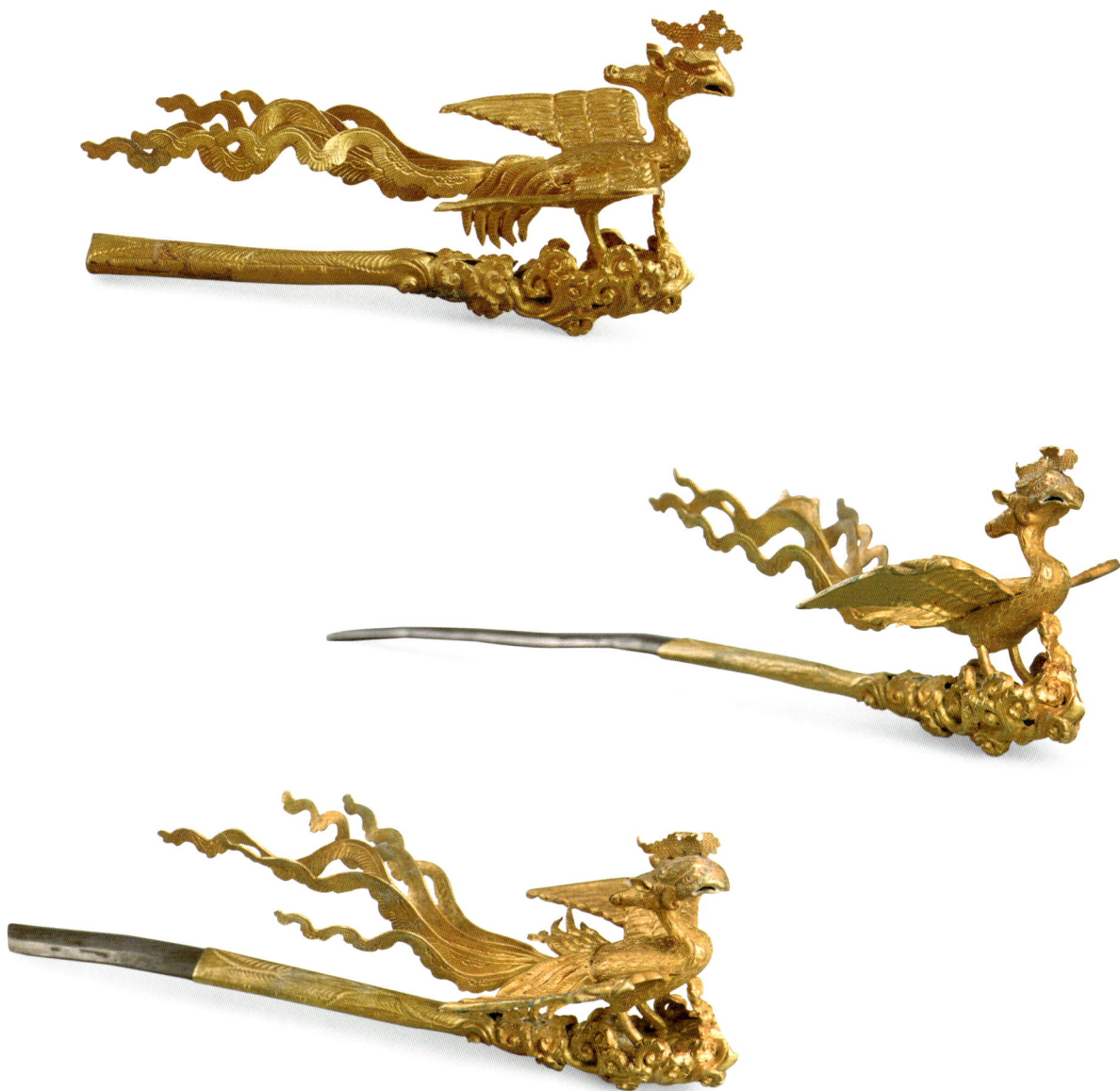

银铤金凤钗

Gold Hairpins with Phoenix Pattern

辽（公元 907—1125 年）

长 9.5—15.5 厘米

河北省易县大北城窖藏出土

易县文物保管所藏

簪头立体圆雕凤鸟造型，与簪股分制套合。
簪头金制，簪股银质。辽簪多数为簪头、簪
股分制套合，簪头制作成笔套式长尾，与单
独的扁簪股套合。

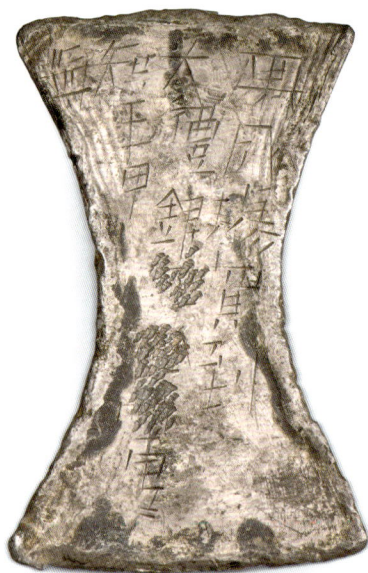

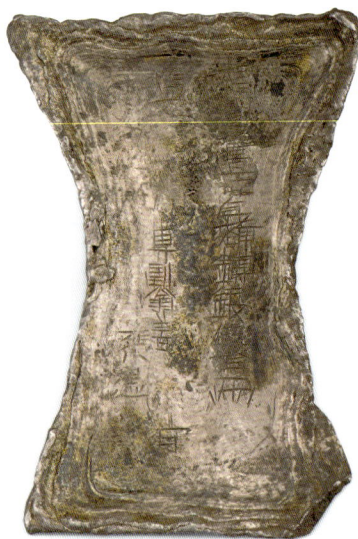

银锭

Silver Ingot

辽（公元 907—1125 年）
长 14—18 厘米，宽 2—3 厘米
河北省易县大北城窖藏出土
易县文物保管所藏

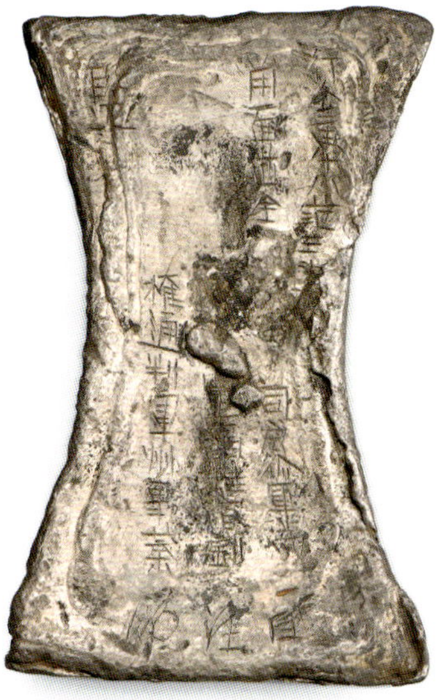

银锭

Silver Ingot

辽（公元 907—1125 年）

长 13—16 厘米，宽 2—3 厘米

河北省易县大北城窖藏出土

易县文物保管所藏

银锭

Silver Ingot

辽（公元 907—1125 年）

长 14.3—16.8 厘米，宽 2—2.4 厘米

河北省易县大北城窖藏出土

易县文物保管所藏

银锭

Silver Ingot

辽（公元 907—1125 年）

长 13.5—16.5 厘米，宽 1.8—2.6 厘米

河北省易县大北城窖藏出土

易县文物保管所藏

龙首金钗

Gold Hairpin with Dragon Design

辽（公元 907—1125 年）

长 13.7 厘米

河北省易县大北城窖藏出土
易县文物保管所藏

此簪为簪头、簪股一同打制的一体簪。簪首为一龙首，龙口大张，眉、目、鼻刻画清晰，头上卷两角，颇具动感。

金簪

Gold Hairpin

辽（公元 907—1125 年）

长 19.5 厘米

河北省易县大北城窖藏出土
易县文物保管所藏

呈长片形状，顶部最宽，向下渐收。簪头边缘饰一周连珠纹，内饰牡丹缠枝花，衬以碎点纹地。簪身有一处碎点组成的卷云纹。

梅花银簪

Silver Hairpins with Plum Blossom Design

辽（公元 907—1125 年）

长 12.1 厘米

河北省易县大北城窖藏出土
易县文物保管所藏

银饰件

Silver Ornament

辽（公元 907—1125 年）

长 15.3 厘米

河北省易县大北城窖藏出土
易县文物保管所藏

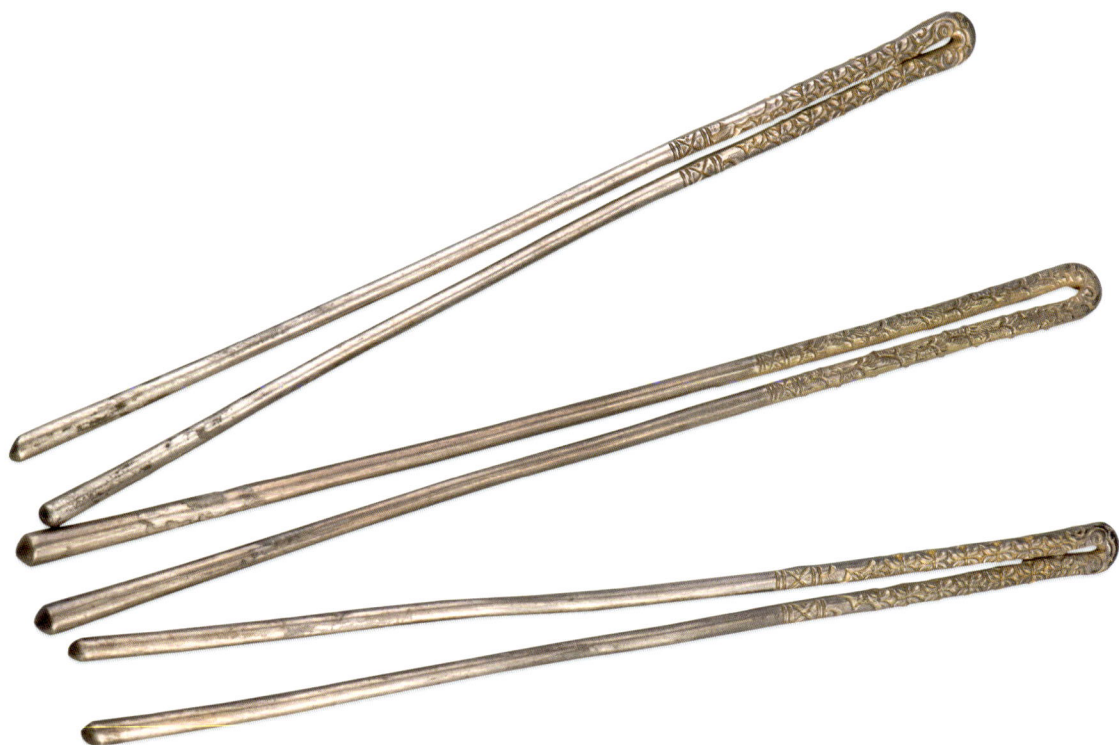

银钗

Silver Hairpins

辽（公元 907—1125 年）

长 18—21.2 厘米

河北省易县大北城窖藏出土

易县文物保管所藏

金钗

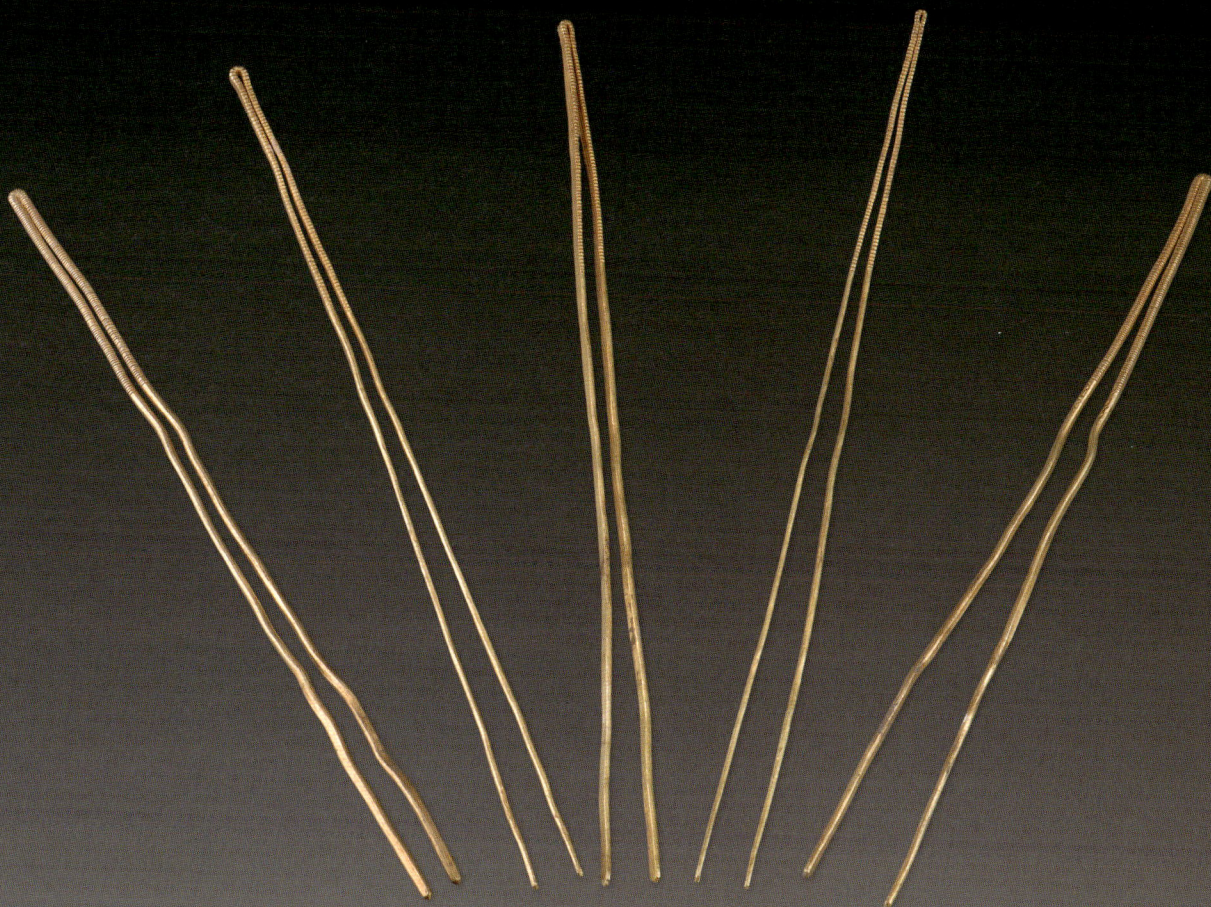

Gold Hairpins

辽（公元 907—1125 年）
长 17.5—24.1 厘米
河北省易县大北城窖藏出土
易县文物保管所藏

金梳

Gold Combs

辽（公元 907—1125 年）

其一长 11 厘米，宽 6.5 厘米；其一长 12.2 厘米，宽 7.1 厘米

河北省易县大北城窖藏出土

易县文物保管所藏

宋辽时代的梳饰，与唐代相比，背脊的装饰形状由半月形逐渐演变为虹桥形。此两件金梳齿背一体，背脊中空，主体是一片完整的金片。其中一梳，梳背上的主体装饰分为三个区域，中间用连珠纹分隔。背脊正反图案相同，由鸳鸯、莲花组成的花团分列于上。正中为一对相向的鸳鸯伏于莲花之上，两侧花团则为同向的两只鸳鸯，顺次分别为单只鸳鸯、莲花、缠枝花等。背脊正中图案则是一组童子睡莲图，童子或仰或卧，姿态不同，身下有莲花托起，形象可爱。周边留白处饰缠枝纹。另一金梳梳背上的三层纹饰均为五瓣团花缠枝纹，花瓣、花心均内卷，花萼处饰四片花叶，富贵华丽，留白处以鱼子纹为地。

金背银栉

Silver Combs with Golden Flowers

辽（公元 907—1125 年）
长 10.6—12.6 厘米，宽 5.2—7.7 厘米
河北省易县大北城窖藏出土
易县文物保管所藏

银坠五佛金冠饰
Gold Crown with Five Buddhas Pattern

辽（公元 907—1125 年）
长 3 厘米，宽 2.5 厘米
河北省易县大北城窖藏出土
易县文物保管所藏

半球形，整体为金质，坠部为银质，錾出五佛。
中间一佛稍大，其余四佛稍小，分布于大佛四周。
佛手相合，佛跌坐于莲座之上，身后錾火焰纹背光。

银龙冠饰件

Silver Ornament with Dragon Pattern

辽（公元 907—1125 年）
长 18 厘米
河北省易县大北城窖藏出土
易县文物保管所藏

牡丹金钩饰

Gold Ornaments with Peony Pattern

辽（公元 907—1125 年）

长 3.7 厘米，宽 3.4 厘米

河北省易县大北城窖藏出土

易县文物保管所藏

风凰葡萄金饰件

Gold Ornaments with Phoenix and Grape Pattern

辽（公元907—1125年）

长4.3厘米，宽2.5厘米

河北省易县大北城窖藏出土

易县文物保管所藏

葵花葫芦金饰件

Gold Ornaments with Malva and Gourd Pattern

辽（公元 907—1125 年）
宽 3 厘米
河北省易县大北城窖藏出土
易县文物保管所藏

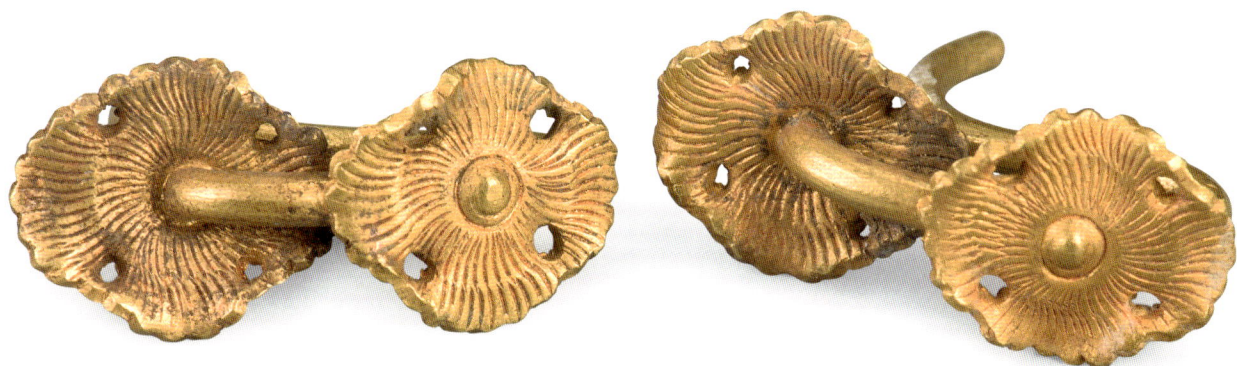

荷叶形金饰件

Gold Ornaments with Lotus Leaves Pattern

辽（公元 907—1125 年）

长 3.4 厘米，宽 1.5 厘米

河北省易县大北城窖藏出土

易县文物保管所藏

金镯

Gold Bracelets

辽（公元 907—1125 年）

直径 6 厘米

河北省易县大北城窖藏出土
易县文物保管所藏

金镯

Gold Bracelets

辽（公元 907—1125 年）

直径 6 厘米

河北省易县大北城窖藏出土
易县文物保管所藏

呈环状，有缺口，缺口两端饰有花卉纹。

金串饰件
Gold Necklace

辽（公元 907—1125 年）

每颗直径 1.5 厘米，长 2.3 厘米

河北省易县大北城窖藏出土

易县文物保管所藏

由二十四枚六棱金瓜，金瓜中空。每一金瓜两端錾出花萼样装饰，中有孔，可穿系。

银圈
Silver Bracelets

辽（公元 907—1125 年）

直径 8 厘米

河北省易县大北城窖藏出土

易县文物保管所藏

由一根完整银条对折后并拢，弯曲成一圆环。厚重简朴。

金臂钏

Gold Armlets

辽（公元 907—1125 年）

直径 5.5—8 厘米

河北省易县大北城窖藏出土

易县文物保管所藏

弹簧状，盘拢成圈，两端用丝编成环套，用于调节松紧。《说文解字》载："钏，臂环也。"西汉以后，佩戴臂环之风盛行，隋唐至宋朝，妇女用臂钏装饰手臂已很普遍。

鎏金银带扣

Gilt Silver Belt Hooks

辽（公元 907—1125 年）
长 7.4 厘米，宽 4.5 厘米
河北省易县大北城窖藏出土
易县文物保管所藏

带扣由扣环、别卡和折页扣身三部分组成。扣环饰有水波纹、
菱形纹、花橘纹、十字花纹、鱼子地纹。扣身正面锤揲出折
枝牡丹花卉纹，衬鱼子地纹，四周饰十字花纹、连珠纹，背
面无纹饰，外下角有两个对穿的圆形小孔。

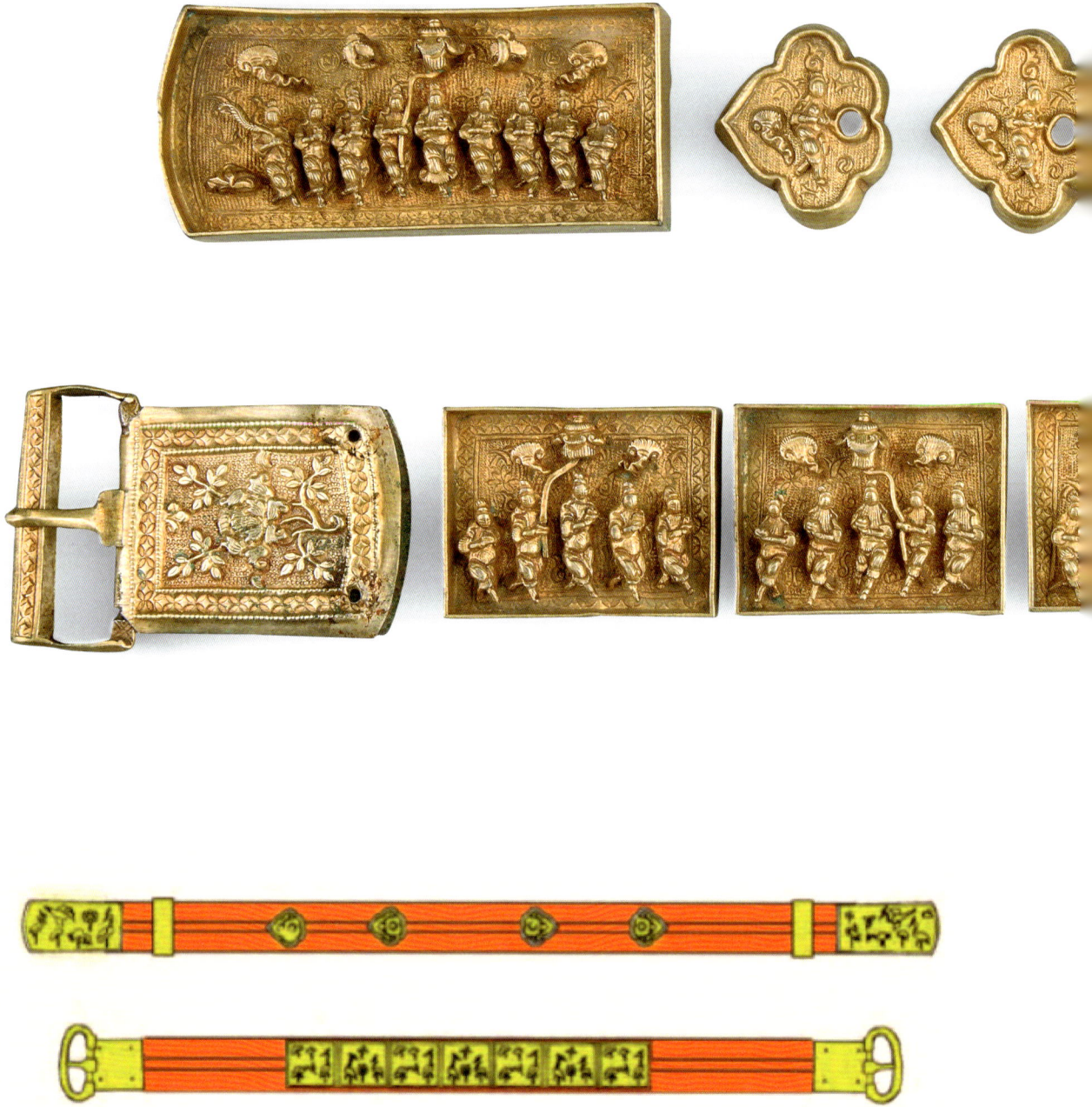

双带扣双铊尾革带复原图（宋辽时期）

大北城窖藏出土了两套双带扣双铊尾的革带带饰，带鞓分为前后两段。前段两头各置一个铊尾，鞓身安置 4—8 个桃形扣眼，方向左右对称；后段两头各置带扣，鞓身置排方銙，使用时前段左右双铊尾分别插入后身双带扣中，将短带两端带扣的卡针插入长带的桃形銙孔内即可，铊尾左右横置。

鎏金人物银带銙
Gilt Silver Ornaments of Belt

辽（公元 907—1125 年）

长 4.6 厘米，宽 3.5 厘米

河北省易县大北城窖藏出土

易县文物保管所藏

带饰。四周压出凸棱边框，内做五人，做舞蹈状，头下俯，顶髻，菩萨冠，上穿圆领宽袖紧口服，腰部束带，下穿灯笼裤，两腿交叉，右或左第二人持伞盖，中间一人立于伞盖下，其余三人均手捧莲花。伞盖两侧分饰两朵祥云，其余錾有莲花、折角银锭等，留白处以鱼子纹为地。

鎏金人物银带铐

Gilt Silver Ornaments of Belt

辽（公元 907—1125 年）
长 8.7 厘米，宽 4 厘米
河北省易县大北城窖藏出土
易县文物保管所藏

此为腰带铊尾。铊尾因饰于腰带尾部，形制
较一般带铐更长，一侧边呈弧形。由九个高
浮雕人物构成，人物形象与前述长方形带铐
形似，只最后一人持羽状障扇。地鏊有犀角、
铜钱、银锭等杂宝纹。

桃形带銙

Gilt Silver Ornaments of Belt

辽（公元 907—1125 年）
长 3.6 厘米，宽 3.2 厘米，厚 1.1 厘米
河北省易县大北城窖藏出土
易县文物保管所藏

桃形，蒂部有一孔。器物中部为一人做舞蹈状，顶髻，菩萨冠，
上穿圆领宽袖紧口服，腰部束带，手捧莲花，下穿灯笼裤，两腿
交叉。其中四件左腿在前，脸转向右侧；四件右腿在前，脸转向
左侧。人物旁饰祥云纹。留白处以鱼子纹为地。此组桃形带銙与
鎏金人物银带銙（含铊尾）当为同一组腰带上的饰物。

龙形牡丹纹金饰件

Gold Ornament with Dragon and Peony Pattern

辽（公元 907—1125 年）

高 3.8 厘米，口径 7.6 厘米，底径 5.6 厘米

河北省易县大北城窖藏出土

易县文物保管所藏

直口，平沿，圆腹。饰件顶部铸有凸起的云龙纹，龙首有角，体态盘曲。四足，每足三爪。腹部饰缠枝牡丹纹一周，外沿下又饰有一周卷草纹。三种不同纹饰均以连珠纹相隔，留白处以鱼子纹为地。

荷叶金饰件
Gold Ornament with Lotus Leaf Pattern

辽（公元 907—1125 年）
直径 8.8 厘米，厚 1 厘米

河北省易县大北城窖藏出土
易县文物保管所藏

由整片金片制成，呈荷叶形。荷叶上刻画出 S 形细长花瓣，瓣瓣叠压，花瓣上刻出叶脉纹，未叠压的一侧花瓣边缘錾刻细小的斜纹。整片荷叶边缘均匀分布有五个圆孔，中心有一孔，稍大。荷叶边缘外卷包边。从留孔处推测此金饰可能为缀饰。

荷叶金饰件
Gold Ornament with Lotus Leaf Pattern

辽（公元 907—1125 年）
长 5.6 厘米，宽 2.7 厘米，厚 1 厘米

河北省易县大北城窖藏出土
易县文物保管所藏

呈荷叶对拢状，饰有叶脉纹，两面纹饰相同。对拢的一角顶端突出有一个圆环。

双龙闹海纹海棠形金饰片

Gold Ornament with Double Dragons Pattern

辽（公元 907—1125 年）

长 9 厘米，宽 6.9 厘米

河北省易县大北城窖藏出土

易县文物保管所藏

由上下两片金片组成，上片稍大，包住下片边缘。外形
呈海棠式，边缘饰连珠纹。饰片錾刻双龙闹海，两龙首
上下相对，中心为一双游鱼组成的圆珠形纹饰。龙双角，
体蜷曲，四足，每足三爪，龙身羽鳞刻画清晰，水波纹
环绕双龙四周，间以錾刻的海螺、海贝等纹饰。其外又
饰一周圆弧形装饰。器物中上部两侧边缘分别有两小孔。

双凤纹金饰片

Gold Ornament with Double Phoenixes Pattern

辽（公元 907—1125 年）
长 8.5 厘米，宽 6 厘米
河北省易县大北城窖藏出土
易县文物保管所藏

由两片金片组成。整体呈海棠形。中心錾刻展翅翱翔的双
凤，凤首高昂，双翅伸展，凤尾飘展，凤周饰卷云纹，留
白处以鱼子纹为地。其外依海棠形錾刻一周连珠纹，再外
又饰一周缠枝花纹，器物边缘仍以连珠纹为饰。背面中上
部两侧分别有两孔，其中一边仍缀有金属物。

银壶
Silver Wine Pot

辽（公元 907—1125 年）
高 26.8 厘米，直径 15.9 厘米
河北省易县大北城窖藏出土
易县文物保管所藏

壶直口，折平肩微斜，下腹略鼓，圈足。盖上有一小兽，兽蹲于一台座之上，座外饰蕉叶纹，下接两层覆筒形盖，套在器口外。壶盖后方有一方环，套于弯柄内，与柄相连，壶启开后即仰置于柄上。盖下部边缘、方环及壶柄均饰有缠枝花纹。流弯曲，接于器身的折肩处，与壶口大致齐平。是宋辽时期的一种斟酒器具，又称"注子""注壶"。另同时出土有配套温碗，将执壶放入其中，供温酒使用，多与执壶成套，惜已残。

银酒盅
Silver Wine Cup

辽（公元 907—1125 年）
直径 5.5 厘米
河北省易县大北城窖藏出土
易县文物保管所藏

侈口、斜腹、平底，口部向外卷沿，素面。

莲花银碗

Silver Bowls

辽（公元 907—1125 年）
高 4.9 厘米，口径 8.7 厘米
河北省易县大北城窖藏出土
易县文物保管所藏

侈口，弧腹下收，喇叭形圈足。六瓣葵口，腹部锤揲出深刻的凹槽以分区，腹六曲。口沿錾刻连珠缠枝卷草纹一周，圈足下沿錾连珠纹两周，中间饰羽状纹饰一周。纹饰部分鎏金。

莲花银盘

Silver Plates

辽（公元 907—1125 年）

高 3 厘米，口径 15 厘米

河北省易县大北城窖藏出土

易县文物保管所藏

侈口，斜腹、平底，口部十瓣葵口，腹
部锤揲凹槽以分区，腹部十曲，素面。
盘底刻有记重铭文。

第二单元　祈福寄愿

金、银在佛教中被视为七宝，宋辽佛塔地宫中出土了大量金银以及鎏金、贴金之物。这些物品多为当时普通民众所捐，表现了其虔诚礼佛、祈求美好生活的心理诉求。

UNIT TWO

PRAYING FOR BUDDA'S BLESSING

Gold and silver are regarded as the seven treasures in Buddhism, and a large amount of gold and silver as well as gilded and glued objects were unearthed in the dungeons of Buddhist pagodas in Song and Liao. Most of these items were donated by ordinary people, showing their devotion to the Buddha and their psychological demand for a better life.

錾花银鎏金佛像舍利塔

Gilt Silver Buddha Dagoba

北宋（公元 960—1127 年）
高 26 厘米，重 360 克

1969 年河北省定县（今定州市）静志寺塔基地宫出土
定州博物馆藏

塔为单层六面亭阁式。塔座呈束腰状，底边外卷成五段卷筒，束腰下部为覆钵式足，弧面五区开光，内各錾一只禽鸟，形态各异。束腰上部錾莲纹，承托六角平台，平台边沿置宝珠顶护栏。塔身正面设门加锁，门上有乳钉三排，门上下刻发愿文"善心寺尼愿以此功德普及于一切我等与众生皆共成佛道"及佛弟子十三人姓氏。门两侧线刻两力士，一人持剑，一人持斧。力士两侧为菩萨，双手合十，璎珞绕身。背面刻一立佛。塔顶为六角起脊式，坡面饰瓦垄纹，边沿饰六颗宝珠，下挂各式银铃十二颗。宝珠刹顶，与脊沿上宝珠用银链相连。此银塔为北宋太平兴国二年（977 年）为供奉舍利而施入地宫的。

錾花舍利金棺

Gold Sarira Coffin

北宋（公元 960—1127 年）

长 7.6 厘米，宽 3.6 厘米，高 4.5 厘米，重 51.15 克

1969 年河北省定县（今定州市）静志寺塔基地宫出土

定州博物馆藏

出土时装有许多五彩舍利子。此棺为纯金锤打焊接成型，錾刻纹饰。棺呈长方形，棺身前高后低，除底部外通体錾刻精细花纹。盖呈弧面隆起，上錾珍珠地缠枝花纹。棺头刻门，门周边饰忍冬纹。棺尾为珍珠地"佛出双足"图案，以示佛祖灵魂不灭。棺体一侧錾刻三弟子哭丧场面。弟子悲苦不已，神态逼真。另一侧为二弟子树下守丧图，弟子表情哀伤。棺床周围镂饰壸门。纹饰富丽，具有唐代装饰的遗韵。

錾花舍利银棺

Silver Sarira Coffin

北宋（公元 960—1127 年）
长 10.1 厘米，宽 5.6 厘米，高 8.1 厘米，重 140.8 克
1969 年河北省定县（今定州市）静志寺塔基地宫出土
定州博物馆藏

鎏金錾花凤凰纹三兽足银熏炉¹

Gilt Silver Incense Burner with Phoenixes Pattern

北宋（公元 960—1127 年）

高 25.5 厘米，口径 19 厘米，重 477.2 克

1969 年河北省定县（今定州市）静志寺塔基地宫出土

定州博物馆藏

炉以银板锤揲成型，表面鎏金，由盖、身两部分组成。盖面高隆，折沿宽平，与炉身口沿扣合。宝珠形盖纽，纽座錾刻莲瓣纹一周，纽上镂出三个桃形烟孔。盖面线刻两对凤凰，相向飞翔于祥云之间。炉身直口，平折沿，深腹，平底。折沿上饰缠枝莲纹一周。腹部铆接三个兽面，与三个兽首衔环相间，兽首衔环下接三只扁兽足。盖面云纹下刻"慧超"等男女佛弟子二十五人及"愿以此功德普沾诸有情同归解脱道，齐到涅槃城，太平兴国二年五月十六日造记"，盖沿上有"邑主比丘尼智超"等文字。据铭文分析，应当是佛门弟子在北宋太平兴国二年（公元 977 年）专为迁葬佛舍利而制作。

錾双凤纹银盒
Silver Box with Double Phoenixes Pattern

北宋（公元 960—1127 年）
高 7.7 厘米，腹径 10 厘米，重 119.2 克
1969 年河北省定县（今定州市）静志寺塔基地宫出土
定州博物馆藏

錾花舍利银瓶
Silver Sarira Bottle

北宋（公元 960—1127 年）
高 6.8 厘米，腹径 3.2 厘米，底径 2 厘米，重 34.5 克
1969 年河北省定县（今定州市）静志寺塔基地宫出土
定州博物馆藏

银瓶纯净质厚，采用錾刻和铆接技法。顶部有宝珠形纽，细长颈，
圆腹，腹中部设开合子母口。瓶颈上下两端饰锯齿形纹，中间
为两周圆圈纹，以变形覆莲纹与瓶腹铆接为一体。腹部由上而
下錾刻四层纹饰：锯齿纹、缠枝纹、八个双线勾勒圆圈内的花
瓣纹、变形仰莲纹。各层纹饰间以细弦纹隔开，鱼子地为衬。

錾花银坛

Silver Pot

北宋（公元 960—1127 年）
高 6.8 厘米，口径 7.6 厘米，重 118 克
1969 年河北省定县（今定州市）静志寺塔基地宫出土
定州博物馆藏

银质佛像簪

Silver Hairpins with Buddha Pattern

北宋（公元 960—1127 年）

长 18—34.3 厘米

1969 年河北省定县（今定州市）静志寺塔基地宫出土

定州博物馆藏

仰莲金座金背光银佛坐像

Silver Seated Buddha with Gilt Backlight

辽（公元 907—1125 年）

座高 3.5 厘米，底径 4.5 厘米；佛高 5 厘米，佛宽 3 厘米；

背光高 10 厘米，背光宽 5 厘米；通高 12 厘米，重 277 克

河北省蔚县南安寺塔地宫出土

蔚州博物馆藏

分为背光、佛身、莲座三部分。佛像银质，高髻，螺发，袒胸，右手施说法
印，趺坐于莲座之上。背光、莲座鎏金。

鎏金莲花金刚杵

Gold Vajra Pestle with Lotus Pattern

辽（公元 907—1125 年）

长 5.5 厘米，宽 1.7 厘米，重 15 克

河北省蔚县南安寺塔地宫出土

蔚州博物馆藏

银塔

Silver Pagoda

辽（公元 907—1125 年）

通高 19.5 厘米

河北省易县净觉寺舍利塔出土

河北省文物考古研究院藏

塔呈六角形，由塔基、塔身和塔刹三部分组成。塔基为八角束腰须弥座，座四周饰双层仰莲。
束腰部分各面有葵花形镂孔六个。塔身呈六角柱状，下端插入塔座，上下固定为一体，
塔刹为六角攒尖顶，各角垂一风铎（缺一），塔顶有受花、覆钵和相轮。此塔结构复杂，
工艺精湛。

带盖金瓶

Gold Bottles with Cover

辽（公元 907—1125 年）
其一通高 6.1 厘米，口径 1 厘米，底径 1.4 厘米
其一通高 6 厘米，口径 1.4 厘米，圈足径 2.1 厘米
河北省易县净觉寺舍利塔出土
河北省文物考古研究院藏

银托盏

Silver Bowl and Silver Saucer

辽（公元 907—1125 年）

通高 4.2 厘米；盏口径 4.4 厘米；托高 2.7 厘米，口径 6.2 厘米

河北省易县净觉寺舍利塔出土

河北省文物考古研究院藏

钣金成型。由盏和托两部分组成。盏呈六曲花瓣形，口外敞，斜直壁，圈足。盏沿内壁錾刻一周缠枝莲纹，鱼子纹地。托呈钵形，直口，鼓腹，平底。底部接六瓣葵花形平盘，盘沿下折，下承喇叭口圈足，钵口沿外壁、平盘盘缘均錾刻一周缠枝莲纹，盘折沿錾刻一周忍冬纹，圈足底部錾刻一周火焰纹，纹饰均以鱼子纹为地。盏与托纹饰细腻，造型美观。

带柄银香炉

Silver Censer Burner with Handle

辽（公元907—1125年）
口径6.2厘米，圈足径2.2厘米，带柄长23.7厘米
河北省易县净觉寺舍利塔出土
河北省文物考古研究院藏

钣金成型。基座为层台式高圈足，中部束腰，上承炉体。炉体呈垂腹筒形，宽折沿。炉体一侧焊扁长柄，柄和炉体相接的一端呈云头形，两侧边缘上折，尾端呈椭圆形。带柄香炉又名"鹊尾香炉"。

银盒
Silver Box

辽（公元 907—1125 年）
通高 5.2 厘米，口径 5.3 厘米
河北省易县净觉寺舍利塔出土
河北省文物考古研究院藏

直口，鼓腹，平底。盖呈半球形，有子母口与盒口相扣。盖及盒的近口处錾刻一周忍冬纹带，盖顶錾刻团凤图案，双凤展翅，同向飞舞。银盒錾刻精细，花纹优美，是辽代不可多得的艺术精品。

天会十二年银鎏金佛舍利柜
Gilt Silver Sarira Coffin

金（公元 1115—1234 年）

柜长 21.4 厘米，高 12.8 厘米；基座长 26.3 厘米，高 16 厘米

河北省固安县于沿村金代宝严寺塔基出土

河北省文物考古研究院藏

由柜和基座两部分组成。钣金成型，錾刻花纹。盝顶长方形，柜口沿微内斜，与盝顶盖呈子母口相扣。舍利柜置于须弥座式基座上。

盝顶柜顶面錾刻一对飞凤衔花团图案，外有双线圆廓相围，圆廓外有游龙戏珠图，四周和四角分别衬以海波纹和花枝纹。盖錾刻大朵缠枝花、莲花及莲子图案，鱼子纹为地。柜身正、背和左、右两侧分别錾饰六个或三个长方形画面（主题花纹是护法神、乐伎、舞伎等人物形象），每幅四角填补灵芝或如意纹。正面中间是一对身着铠甲、合掌相对的护法神将，其两侧图面分别饰手持拍板、琵琶、排箫、笙，呈吹、弹、击拍等不同姿态的乐伎。背面中部两幅则为手舞长

柜背面乐伎、舞伎

柜顶面线图

带的舞伎，两侧自左而右为右手持短棒、左手拍击长腰鼓，或吹长笛或吹短箫或击打方响的乐伎。右侧面自左而右为单手持棒击拍腰鼓，双手持槌，击打附有支架的扁鼓和弹拨琵琶的乐伎。左侧面自左至右则为弹拨琴弦、吹奏横笛和排箫的乐伎。画面人物头戴花冠，配以光环，身着宽衣，臂缠长带，衣带飘逸，富有动感。

舍利柜基座为束腰须弥座，座身中空，四周围以栏板、望柱。望柱圆形，立于四角，柱端呈葫芦形宝顶，四角柱之间立有间柱六根，以共同嵌接各面的扶栏、栏板。每节扶栏与栏板间有"人"字形花饰支撑。栏板以六边几何与蔓草纹图案交替嵌于各柱间。座身束腰正、背两面中部分别镂孔或錾刻对称的花叶纹，两边再各錾折枝花；两侧錾饰神龙腾飞于云间，龙头均朝正面一侧。束腰以上两级四面分别錾饰缠枝花或蔓草带状纹。束腰以下四级由上而下逐渐增大，各级四面由上而下依次饰缠枝花、蔓草及缠枝花带，各级平面由上而下錾以云纹和波浪纹，所有画面均以鱼子纹为地。最底层四角安外撇镂孔云头纹底足，座身下缘各面镂成叶状拱形底沿。须弥基座四角各置一金刚力士铸像，力士头戴冠，袒肩露膝，背向基座中腰，面向外，肩负须弥座上两级，手扶双膝，呈鼎力支撑状。此舍利柜构造复杂，加工精细，是一套精美的金银器艺术品。

金观音立像

Gold Standing *Aralokitesvara* Statue

金（公元 1115—1234 年）
高 4.5 厘米
河北省固安县于沿村金代宝严寺塔基出土
河北省文物考古研究院藏

范铸成型。身中空，头戴花冠，内着圆领衫，外披袈裟，胸饰璎珞，左手执莲花束，右手作说法印，跣足立于仰莲座上。

银观音立像

Silver Standing *Aralokitesvara* Statue

金（公元 1115—1234 年）

高 5.4 厘米

河北省固安县于沿村金代宝严寺塔基出土

河北省文物考古研究院藏

实心铸成，部分染有绿色铜锈，头戴花冠，身着圆领衫，
外披袈裟，胸佩璎珞，右手持佛珠，跣足立于莲花座上。

银双喇叭花饰
Silver Ornament in Petunia-shaped

金（公元 1115—1234 年）
长 2.9 厘米，宽 2.6 厘米
河北省固安县于沿村金代宝严寺塔基出土
河北省文物考古研究院藏

由薄银片模压而成，长扁体，花冠为双喇叭花状，
梗做圆形莲瓣形，上有三圆孔。

银佛幡
Silver Buddhist Prayer Flag

金（公元 1115—1234 年）
通高 28 厘米
河北省固安县于沿村金代宝严寺塔基出土
河北省文物考古研究院藏

顶部呈"山"字形，杆柱插在六边形阶状底座上，下穿
"中"字形饰件，其两侧竖条上端各有一圆形穿孔，可
能为扎系佛幡上金属叶片而设，幡杆呈圆柱形，顶面中
穿孔，以插幡杆。底座叠加三层六边形，顶层和中层各
侧面分别錾饰单朵花瓣或连枝蔓草，顶面和中层平面分
别錾饰羽状纹或卷草纹。底层每边出三角云纹底足六个，
上顶双层仰莲和花蒂一朵，幡杆底端做管状，并剪成五
角形，与底座锤铆为一体。

银碗

Silver Bowl

金（公元 1115—1234 年）
高 3 厘米，口径 14 厘米
河北省固安县于沿村金代宝严寺塔基出土
河北省文物考古研究院藏

钣金成型。曲沿敞口，腹有竖折棱五条，
圈底，底内壁錾刻缠枝莲花三朵，外壁圈
足周围有錾花凸痕一圈，余皆素面。

金钵盂

Gold Bowl

金（公元 1115—1234 年）
高 3.1 厘米，口径 8.1 厘米
河北省固安县于沿村金代宝严寺塔基出土
河北省文物考古研究院藏

钣金而成。素面，敛口，折肩，深斜腹，小圆底。

银水晶、玛瑙串
Silver Strings with Crystal and Agate

金（公元 1115—1234 年）
粒径 0.2—1.7 厘米
河北省固安县于沿村金代宝严寺塔基出土
河北省文物考古研究院藏

银鎏金莲花饰
Gilt Silver Ornament with Lotus Pattern

金（公元 1115—1234 年）
直径 1.8 厘米
河北省固安县于沿村金代宝严寺塔基出土
河北省文物考古研究院藏

银双向金刚杵花饰
Silver Ornament in Vajra Pestle-shaped

金（公元 1115—1234 年）
长 4.9 厘米，宽 1.5 厘米，厚 1.1 厘米
河北省固安县于沿村金代宝严寺塔基出土
河北省文物考古研究院藏

银片钣金模压而成，中空，上下有纵向穿孔贯通。
一面有模压凸状图案，中部为六瓣花，其上下各
有三花瓣，两端与唐代法门寺出土的阏伽瓶腹部
三钴金刚杵图案相似。

银八棱熏炉

Silver Eight Arrises Incense Furnace

金（公元 1115—1234 年）

通高 11 厘米，口径 7.9 厘米

河北省固安县于沿村金代宝严寺塔基出土

河北省文物考古研究院藏

熏炉由器身、盖、提梁和银链等部分组成。器身呈八棱形，敛口，圆唇，折肩，小平底。
器外壁由上而下分别錾刻灵芝、飞蝶戏牡丹和花朵等纹饰。炉沿两侧有一对"人"
字形云纹环錾，以接提梁。盖呈八角僧帽状，盖口为立沿子母口，与器口相扣合，
盖顶中心焊接有圆环和半浮雕八瓣莲花形饰。莲花周围和盖肩部各面有八个气孔。
盖沿周围装饰十六朵大小相间的如意云头纹。提梁呈拱形，两端较细，与器錾勾连。
提梁中心有一孔，孔中套一环，环上挂两链条，一长一短。长链条为 51 厘米，一
端安有活环，可以垂挂旋转；短链条长 12 厘米，与器盖相连。链呈四棱麦穗状。

第十二届京冀晋豫陕五省市博物馆理论与实践研讨会

展览开幕式

展厅实景

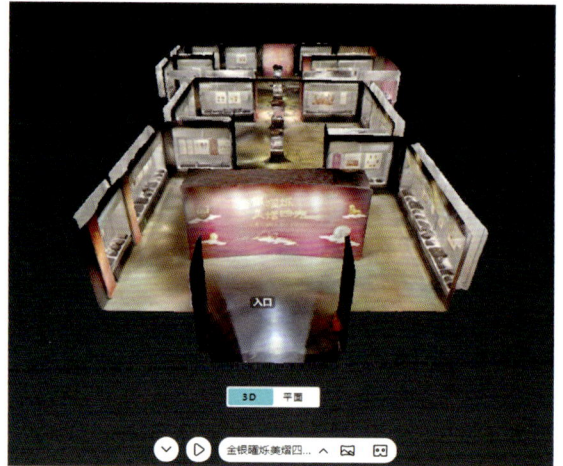

3D　平面

掐丝镶嵌金辟邪

所属年代：东汉
出土地点：中山穆王刘畅墓
收藏信息：定州博物馆

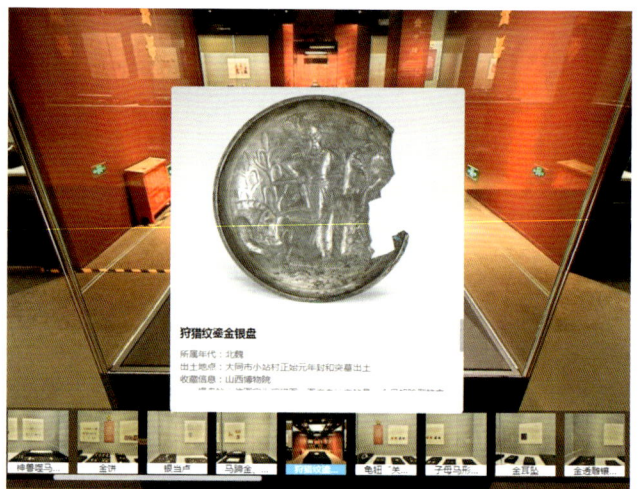

狩猎纹鎏金银盘

所属年代：北魏
出土地点：大同市小站村正始元年封和突墓出土
收藏信息：山西博物院

数字展厅

展览社教活动"探金银工艺 悟非凡匠心"

图书在版编目（CIP）数据

金银曜烁 美熠四方：京冀晋豫陕五省市金银器展 / 河北博物院编 . --北京：
北京时代华文书局, 2020.12
ISBN 978-7-5699-3984-2

Ⅰ.①金… Ⅱ.①河… Ⅲ.①金银器(考古)－中国－图集 Ⅳ.①K876.432

中国版本图书馆CIP数据核字(2020)第249105号

责任编辑

周海燕

责任校对

陈冬梅

金 银 曜 烁　美 熠 四 方
京冀晋豫陕五省市金银器展
JINYIN YAOSHUO MEIYI SIFANG
JING-JI-JIN-YU-SHAN WU SHENG-SHI JINYINQI ZHAN

编　者：河北博物院
出版人：陈　涛
出版发行：北京时代华文书局 (http://www.bjsdsj.com.cn)
地址：北京市东城区安定门外大街138号皇城国际A座8层
邮编：100011
电　话：010－64267955 010－64267677
印制：北京雅昌艺术印刷有限公司 010－80451188
开本：635mm×965mm 1/8　印张：42.25　字数：230千字
版次：2021年8月第1版　印次：2021年8月第1次印刷
书号：978－7－5699－3984－2
定价：498.00元